D1720890

Wallis

Was Sie schon immer wissen wollten

Wallis

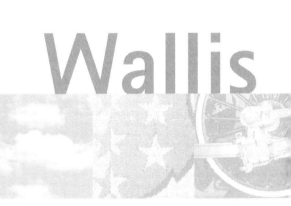

Was Sie schon immer wissen wollten

Rébecca Volken-Roch

Impressum

Konzept und Gestaltung:
schmidgrafik.ch, Brig/Thun

Druck:
Schlossdruckerei, Brig-Glis

Printed in Switzerland

ISBN 3-9522119-0-7

Vorwort

Das kulturelle Erbe ist kostbar und erhaltenswert

Wertvoll ist alles, was von der Lebensweise, der Arbeit und der kulturellen Tätigkeit unserer Vorfahren zeugt. Wir sollten den geschichtlichen Zeugnissen unserer Umgebung begegnen, ihren Wert schätzen lernen und uns unserer Verantwortung für ihren Fortbestand bewusst werden.

Unsere nähere und fernere Umwelt als Heimat erfahren

Heimat ist mehr als die natürliche und kulturelle Umwelt, in der wir leben. «Heimat» meint auch Geborgenheit, Eingebettetsein in eine Tradition und gefühlsmässige Bindung an ein Volk. In diesem Sinne sollten wir unsere Umwelt als Heimat erleben.

Anderen Bevölkerungsgruppen und Kulturen gegenüber tolerant sein

Wer will, dass seine Eigenart geachtet werde, muss die Besonderheiten anderer respektieren. Es ist darum wichtig, das Verständnis für die unterschiedlichen Mentalitäten aufzubringen.

Den Bezug zur Gegenwart erkennen

Ereignisse, deren Folgen sich bis in die Gegenwart erstrecken (z.B. Grenzziehungen), und Zustände (z.B. Sitten und Gebräuche), die noch heute lebendig sind, geniessen den Vorzug. Sie zeigen auf, dass die Vergangenheit aktuell sein kann und dass die Gegenwart geschichtlich bedingt ist.

Historische Erscheinungen mit heutigen vergleichen

Der Vergleich von Gestern und Heute hilft das Wahrnehmen der historischen Erscheinungen zu verstehen. Viele Gleichheiten können dadurch erkannt werden.

Inhaltsverzeichnis

1. Geologie

Die Entstehung des Rhonetals

Wie die Geologen sagen, war der heute südliche Rand des Wallis einst ein niederer Höhenzug gewesen. Sein Kamm zog sich von Ost nach West, parallel zur heutigen Rhoneführung. Die Wasser ergossen sich in den heutigen Kanton Bern, also in Richtung Norden. Wie man heute glaubt, stieg dieser Kamm nicht über tausend Meter an. Dies war vor Jahrtausenden, in einer Zeit, die wir uns heute nur schwer vorstellen können. Auf dieser Anhöhe wuchsen in einem milden Klima Palmen, und es soll von «Ungeheuern» gewimmelt haben; von Tierarten, die zwischen dem Vogel und dem Reptil die Mitte halten, riesenhaften Krokodilen mit Flügeln, Eidechsen mit langen, zahnbestückten Kiefern, Riesenvögeln ohne Federn und zweibeinigen Riesenmonstern. Es handelte sich um Tiere, die wir unter dem Begriff «Dinosaurier und Urarten» verstehen. Diese Arten sind heute ausgestorben, und wir kennen sie nur noch als Nachkonstruktionen aus Knochenfunden und versteinerten Fossilien[1], wie wir sie auch in den Museen sehen und bestaunen können. Die Wetterlagen wandeln sich und lösen einander ab, indem sie einerseits von der Art des Geländes und seiner verhältnismässigen Höhe über dem Meeresspiegel abhängen und andererseits einem Schwanken der Erdachse nachgeben. So lag damals unsere Heimat unter einem wahrhaft afrikanischen Himmel. Das Wallis, das die Einheimischen gerne und liebevoll auch das «Alte Land» nennen, ist in Wirklichkeit, so wie es heute aussieht, ein ganz junges Land.

So gab es Bäche, die sich zu Flüssen vereinten und sich in die Seen ergossen. Die Lagen der Seen sind heute noch auf dem Gebiet des Kantons Bern deutlich zu erkennen, auch wenn sich die Alpen erst später bildeten. Als die Verschiebung des Geländes begann, hob sich dieser gleichmässig abfallende Höhenzug allmählich auf. Der Druck der Kontinentalplatten[2] wirkte auf die Hochebene ein, und es entstanden über Jahrtausende hinweg die Berge. Diese erhoben sich zuerst im Norden der heutigen Rhone und dämmten das Wasser, so dass es nicht mehr Richtung Bern abfliessen konnte. Unterdessen erhob sich auch die südliche Bergkette immer mehr, und das Wasser musste sich seinen Weg von Ost nach West suchen. So entstand zwischen den beiden Bergkämmen ein geradezu vollkommenes Beispiel eines Tales. Durch die grosse Hitze, die zu dieser Zeit herrschte, starben die Tiere aus, und die Pflanzen und Palmen verdorrten. Über Jahrtausende hinweg kühlte sich die Hitze wieder aus, und es begann die Zeit der wiederkehrenden Vereisung, wie sie von den Geologen genannt wird. Ein Wechselspiel von Hitze und Kälte hatte die Ausdehnung der Gletscher und deren Rückzug zur Folge. Der erste Gletscher überflutete das ganze Wallis und reichte weit über den Genfersee hinaus, zog sich dann wieder zurück und holte zu einem zweiten Schlag aus. Dieses Schauspiel soll sich dreimal wiederholt haben, wie heute vermutet wird. Durch die Gletscherwanderung wurde das Tal der Täler geformt. Die riesigen Eismassen schliffen im Vorbeiziehen das Gestein der Bergwände und liessen ihre Ablagerungen beim Schmelzvorgang zurück. Mit jeder Erwärmung schwinden nicht nur die Gletscher, sondern auch das Leben hält wieder seinen Einzug ins Land. Durch die Winde werden Pflanzensamen abgelagert, und grüne Flecken verbreiten sich und dehnen sich bis in die Hänge hinauf aus, denn die Gletscherablagerung hat fruchtbaren Boden zurückgelassen. Mit den Pflanzen finden auch die Insekten ihren Tisch gedeckt, und sie lassen sich nieder. Nach den Insekten kommen andere Tiere, die von den Insekten leben, und nach diesen wieder andere, die jene erbeuten. Leben nistet sich ein und lässt das Land gedeihen, Bäume wachsen, und das Tal gewinnt sein Aussehen, wie wir es heute kennen.

Landschaftsformen des Wallis und ihre Entstehung

Die Entstehung der Alpen und deren Vorgänge sind auch heute nicht in allen Einzelheiten geklärt. Die Geologen sind sich nicht in allen Punkten einig, und verschiedene Theorien bleiben ihre Beweise schuldig. Eine Ungewissheit und etwas Mythenhaftes werden wohl immer bestehen bleiben. Im Laufe der Forschungsgeschichte wurden verschiedene Hypothesen entwickelt. Zu einer allgemeinen Anerkennung hat die seit dem Ende des 19. Jahrhunderts entwickelte Deckenhypothese gefunden. Sie geht davon aus, dass bei der Gletscherbildung im Alpenraum mächtige und weitflächige Gesteinskomplexe nach Norden geschoben wurden. Diese zum Teil mehrere Kilometer riesigen Kolosse wurden über Hunderte von Kilometern verschoben. Die Geologen sind heute bemüht, die bisherigen Erkenntnisse mit dem in den letzten Jahrzehnten entwickelten Konzept der Plattentektonik[3] in Einklang zu bringen. Hiernach ist die Überschiebung der Decken und damit auch die Entstehung der Alpen auf die Annäherung zweier Erdkrustenplatten und der Kollision der mitgeführten kontinentalen Krusten zurückzuführen.

Auf die besondere tektonische Aktivität im Wallis deutet die Häufung von Erdbeben hin. Unser Kanton gehört in der Schweiz zu den gefährdetsten Gebieten. Allerdings haben sie nur vereinzelt Schaden angerichtet, so 1755 in Brig, 1855 in Brig und Visp sowie

1946 in Leuk. Ein zweiter Hinweis ergibt sich daraus, dass die heute noch andauernde Hebung der Alpen im Wallis weit über dem Durchschnitt liegt. So wurde zum Beispiel vor 30 Jahren das Matterhorn mit einer Höhe von 4477 m ü. M. angegeben. Heute hat es einen Meter gewonnen und wird nun mit einer Höhe von 4478 m ü. M. aufgeführt. Ob dies auf die Erhebung der Alpen oder eine genauere Messart zurückzuführen ist, bleibe dahingestellt. Einen dritten Hinweis finden wir im geothermisch[4] erwärmten Wasser, das sich schon in geringer Tiefe erschliessen lässt. Die Thermalbäder von Leukerbad, Brigerbad, Saillon und Ovronnaz verdanken diesem Umstand ihre Existenz.

Das heutige Erscheinungsbild der Alpen, der Wechsel von Tälern und Gebirgskämmen, also das Relief, ist im wesentlichen durch die zerstörenden und abtragenden Kräfte des fliessenden Wassers und des Eises entstanden. Hinzu kommen Bergstürze und andere Ereignisse, die vereinzelt die Oberflächengestalt geprägt haben. Da das Gestein unterschiedlich auf die von aussen kommenden Einflüsse reagiert, spielt auch dessen Beschaffenheit eine Rolle. So sind Felsgrate im Kalkgestein meist ausgeprägter und schroffer als im Gneis[5]. Direkt oder indirekt trägt seit einigen Jahrhunderten auch der Mensch zur Gestaltung der Landschaft bei; durch die landwirtschaftliche Nutzung ebenso wie durch die Anlage von Siedlungen, Verkehrswegen und Industriebetrieben.

Gletscher gestalten die Landschaft

Die Gletscher nehmen im Wallis einen grossen Flächenanteil in Besitz, vor allem wenn man den Vergleich zu anderen Gebirgen zieht. Diese Vergletscherung ist aber in den letzten Jahrzehnten stark

rückläufig. Besonders auffallend ist dies am Fusse des Rhonegletschers zu sehen, aber auch der Aletschgletscher, der grösste Europas, zieht sich langsam zurück.

«Ein Deutscher Tourist fragt den Hüttenwart auf der Almagelleralpe, wo denn die ganzen Felsbrocken herkommen. Pius, der Hüttenwart, gibt ihm zur Antwort, dass der Gletscher diese gebracht habe. Der Tourist blickt sich um. Da er weit und breit keinen Gletscher sieht,

Erdgeschichtliche Epochen

Erdgeschichtliche Epochen	Kulturstufen	Auftreten der ersten Menschen
Günz-Eiszeit 600 000 – 540 000		
Warmzeit	Altsteinzeit	
Mindel-Eiszeit 480 000 – 420 000		Homo erectus (aufrechtgehender Mensch)
Warmzeit		
Riss-Eiszeit 240 000 – 180 000		
Warmzeit		
Würm-Eiszeit 120 000 – 10 000		Neandertaler (Homo sapiens Neandertalensis)
Nacheiszeit 10 000 – 4500	Mittelsteinzeit	Moderner Mensch (Homo sapiens sapiens)
4500 – 1800	Jungsteinzeit	

Die Ursachen der Eiszeiten sind noch ungeklärt. Vermutet werden jedoch Schwankungen der Sonnenstrahlen, Polverschiebungen oder Änderungen des Wärmeaustausches zwischen hohen und niederen Breiten.

erkundigt er sich, wo dieser denn sei. So antwortet ihm Pius, dass sich der Gletscher zurückgezogen habe, um neue Steine zu holen.»

Rechnet man sämtliche Gletscher im Wallis zusammen, ergibt dies eine stattliche Zahl von etwa 670 mit einer Fläche von knapp 700 km^2, was einen Siebentel des Kantons ausmacht. Das ist weitaus mehr als in jedem anderen Kanton der Schweiz. Jedoch prägen nicht nur die Gletscher der Gegenwart das Landschaftsbild, sondern auch die Spuren der früheren Vereisung.

Während des Höchststandes der Würm-Eiszeit (120 000 bis 10 000 vor unserer Zeitrechnung) waren praktisch die gesamten Alpen mit Eis bedeckt. Aus dem Eispanzer ragten nur besonders hohe und steile Felspartien heraus, auf denen sich Schnee und Eis nicht halten konnten. Die Oberfläche des Eises lag im Goms zwischen 2800 und 2400 m, im Gebiet von Sitten immer noch 1900 m über dem heutigen Meeresniveau. Das bedeutet, dass das Rhonetal zu dieser Zeit von einem über 1,5 km mächtigen Eispanzer überzogen war. Von den Walliser und Berner Alpen schickten andere Gletscher ihr Eis zum Rhonetal hin, so dass das Eisvolumen des Hauptgletschers zum Unterwallis hin zunahm.

Der Druck, der von einer derartig mächtigen Eisdecke ausgeht, ist gewaltig (ein Kubikmeter Eis wiegt fast eine Tonne). So ist es verständlich, dass das Eis im Wallis nicht nur den schon vorher angelegten Talformen folgte, sondern vereinzelt über die Bergkämme geschoben wurde. Durch die abtragende Kraft des Eises wurde der Gebirgskamm an solchen Stellen erniedrigt und abgeflacht. Diesem Vorgang verdanken die meisten Alpenpässe ihre Entstehung. Bearbeitete das Eis einen Gipfel von drei oder sogar vier Seiten, so entstanden daraus schliesslich solch markante Formen, wie sie vom Matterhorn bekannt sind. Die Bereiche der Kämme, die nicht vom Gletscher überflutet wurden, gestalteten sich zu steilen Graten um, wobei die Frostsprengung eine wichtige Rolle gespielt hat. Das Gestein würde durch wiederholtes Gefrieren und Auftauen des eingedrungenen Wassers zermürbt.

Aber nicht nur die Pässe und die Gipfelbereiche der Alpen wurden durch die Gletscher gestaltet, sondern auch die Täler. Die typische Talform im ehemals vergletscherten Gebiet ist das «Trogtal» mit seinem breiten Talboden und den steilen, konkav[6] geformten Hängen. Im Wallis ist das durch den Rhonegletscher ausgefurchte Tal so prägend, dass das gesamte Gebiet danach benannt wurde (lateinisch vallis = Tal). Die Vorgänge im einzelnen, die ein solches Trogtal entstehen lassen, sind nicht so klar. Von einigen Wissenschaftlern wird auch den mächtigen Gletschern lediglich ein modellierender Einfluss bei der Gestaltung der Alpentäler zugebilligt. Auf jeden Fall bestanden die grossen Täler – in welcher Form auch immer – schon bevor sich die grossen Gletscher der Würm-Eiszeit in den Alpen ausbreiteten. Das Rhonetal war ursprünglich noch tiefer, wurde aber durch Ablagerungen, die das abschmelzende Eis zurückliess, aufgeschüttet. Später kamen die Ablagerungen der Rhone und ihrer Zuflüsse aus den Seitentälern hinzu.

Entsprechend der geringeren Eismenge der Gletscher sind die Nebentäler weniger stark eingetieft als das Haupttal. Die Eisströme der Nebengletscher vereinigten sich dementsprechend nicht im Niveau des heutigen Talbodens der Rhone mit dem Hauptgletscher, sondern mehrere hundert Meter darüber. Nach dem Rückzug des Eises mündeten die Nebentäler als Hängetäler in entsprechender Höhenlage über dem Rhonetal. Die Bäche und Flüsse stürzten ursprünglich als Wasserfälle über diese Geländestufe ins Haupttal. Derartige Stufen sind für fast alle Nebentäler des Wallis charakteristisch. In den oberen und besonders in den mittleren Abschnitten der Täler ist der Talboden hingegen relativ weit, weil hier die vom

Gletscher gestalteten Formen noch das Bild der Landschaft bestimmen.

Im Mündungsbereich sind die Hängetäler jedoch durch das rückwärtige Einschneiden der Wasserfälle meist grundlegend umgestaltet worden. Hier hat das Wasser im einst weiten Talboden eine enge Schlucht entstehen lassen. Die charakteristische Gestaltung der Talmündung trifft für das Val d'Anniviers, das Binntal und das Lötschental ebenso zu wie für die meisten anderen Täler.

2. Urgeschichte

Der Mensch kommt ins Wallis

Wer bewohnt die Landschaft und die Wälder? Es ist nicht der
Mensch – aber die Tiere. Man weiss, dass der Bär im Wallis heimisch
war, aber auch der Wolf, der Luchs und der Fuchs. Ihre Nahrung fanden sie in anderen Tieren wie dem Hirsch, dem Reh und der Gemse.
Zu dieser Zeit kam der Mensch nur ab und zu in unser Land. Es war
die Jagd, die ihn lange Märsche unter seine Füsse nehmen liess. Mit
Pfeilen und Wurfspiessen, Keulen und Steinäxten bewaffnet, begab
er sich auf die Pirsch, bis er sich eines Tages doch niederliess. Er erkannte, dass er hier leben konnte. Als Jäger war er der Natur ausge-
liefert. Er musste sich den Gegebenheiten anpassen und konnte sie
nicht beeinflussen. Er war auf Gedeih und Verderb dem Land und
dem Wetter ausgesetzt. Der Mensch erkannte, dass er der Natur
nicht nur das abgewinnen konnte, was sie von selbst hervorbrachte.
Es war ihm nützlicher, sie seinen Bedürfnissen dienstbar zu machen.
Der Unterhalt, der dem Menschen von selbst aus der Natur zufällt, ist
ein Wechsel von Hungersnot und Überfluss, wie wir es heute noch
täglich in den Drittweltländern erleben. Aus diesem Grund beginnt
der Mensch den Boden zu bebauen. Er lässt sich dauernd nieder.
Somit hat er es nicht mehr nötig, in der Weite herumzustreifen, um
zu suchen, was er braucht; er war Jäger, nun wird er zum Bauer. Er
sät und erntet, lagert seine Speisen und hat immer genügend
Vorräte, um auch in schlechten Zeiten überleben zu können. Als
Jäger weiss er, dass Tiere gut zu essen sind, denn Fleisch war seine

Hauptnahrung. Er bermerkt aber die allmähliche Ausrottung seiner Lebensquelle. Ihm ist bekannt, dass einige Tiere Milch geben und dass dies ein wohlschmeckendes und nahrhaftes Getränk ist. Zudem kann er die Tiere zähmen, was ihm in zweierlei Hinsicht zum Vorteil gereicht; erstens bieten sie ihm die Nahrungsquelle vor der Hütte und zweitens kann er sich durch ihre Kraft die Arbeit erleichtern. Das Pferd und die Kuh kann er vor den Pflug einspannen. So wird ihm der mühsame Umgang mit der Hacke ersetzt. Der Mensch erkennt, dass er mit der Ausnutzung von Hilfskräften ein einfacheres Leben hat. Mit seinem Geschick und Erfindergeist erspart er sich körperliche Anstrengung. Er lernt, im Einklang mit der Natur zu einem besseren Leben zu finden.

Urgeschichte der ersten Einwohner

Die früheste Kunde über das Wallis und seine Bewohner wird durch Gräberfunde vermittelt. Die ältesten Zeugen gehen in die Jungsteinzeit[1] zurück. Vom Leman[2] talaufwärts haben die Menschen, die noch kein Metall kannten, sondern ihre Werkzeuge aus Knochen, Holz und besonders aus Feuer[3]- und Serpentinstein[4] verfertigten, an etwa 10 Orten Spuren ihrer Tätigkeit hinterlassen: in Collombey/Monthey, Sembrancher, St. Bernhard, Fully, Saillon, Chamoson, Sitten, Siders, Raron, Balen und Glis/Brig. Diese Urbewohner gehörten zur Rasse der Kurzköpfe; sie trugen unter einer gedrückten Stirn niedrige Augenhöhlen und eine breite Nase. Sie mögen als erste Ansiedler von Südwesten dem Rotten[5] nach in das Land gekommen sein, nachdem auf die feuchte, atlantische Periode[6] ein warmes, trockenes Klima einsetzte und flussaufwärts vorab die Talsohle bewohnbar machte.

Der St. Bernhardberg, der Monte Moro und der Simplonpass verbanden das Land mit dem Süden, indessen mehrere Übergänge nördlich den Warenaustausch ermöglichten. So war das Wallis schon in der Neueren Steinzeit ein Passland, und dieser Umstand hat seine Geschichte in alle Zukunft wesentlich bestimmt. Das zeigt sich gleich an der Art, wie die ersten Bronzewaren ins Wallis kamen. In der Bronzezeit[7] nahm die Bevölkerung stark zu. Gegen 50 Siedlungsstätten sind nachgewiesen. Insbesondere war das Mittelwallis bevölkert. In Sitten hatte sich ein ansehnliches Gemeinwesen zwischen den zwei Hügeln Valeria[8] und Tourbillon[9] eingebettet, während in der Umgebung auf dem Gerstenberg (jetzt Montorge), in Gundis (Conthey), Ayent, Savièse und Brämis (Bramois) zahlreiche Leute wohnten. Verschiedene Funde stammen aus dieser Zeit. Haushaltsgeräte wie Töpfe, Messer, Schaber und Hämmer; Jagd- und Kampfwerkzeuge wie Pfeile, Dolche und Schwerter; sogar Schmucksachen wie Nadeln, Ringe, Spangen, Gehänge, Perlen und Muscheln bezeugen diese Epoche. Da stellt sich die Frage, wer diese Gegenstände hergebracht hat? Waren es Handelsleute oder neue Ansiedler? Eine starke Zuwanderung erfolgte über den Simplon und St. Bernhard und eine zweite, weniger starke, das Flusstal des Rottens hinauf. Das Wallis war der Treffpunkt, und es sah eine neue Zeit aufgehen; denn die Einfuhrware fand eine bodenständige Fortbildung und Nachahmung. Fragt man nach dem Volkstum jener Walliser aus der Bronzezeit, so werden sie zum Volke der Ligurer gehört haben, das in dem Pogebiet seinen Wohnsitz hatte.

In der Bronzezeit war durch Zuwanderung ein neuer Volkstypus entstanden. Neben die Kurzschädel waren Langschädel getreten; in der Eisenzeit[10] kamen Ankömmlinge aus dem Volke der Kelten[11] hinzu. Die Namen der Völkerschaften sind erhalten. Im 6. Jahrhundert v. Chr. wohnten abwärts von der Quelle des Rottens nacheinander die Tylinger, Daliterner (Dala!), Clahilker und Lemaner (Leman). Sie werden zusammen als Alpenbewohner angeführt und gemeinsam Gäsaten, Speerwerfer, genannt. In den Jahren von 236 bis 222 v. Chr. unternahmen sie drei verschiedene Kriegszüge gegen die Römer, bis sie unter ihrem Führer Viriomar bei Casteggio besiegt und auseinandergetrieben wurden. Ihre Wohnsitze nahmen vier andere Völkerschaften ein: von Brig abwärts die keltischen Seduner, Veragrer und am Talende die Nantuaten, während in das Gommertal erst nach 57 v. Chr. die Uberer, ein Zweig der Lepintier, Einzug hielten. Hatte das Wallis etwa in der Hallstattzeit[12] Bewohner, die zum Mehrteil der germanischen Völkerfamilie angehört hatten, so wurde es in der Latèneperiode[13] stark von Kelten bewohnt, deren Ortsnamen wie Ernen, Mörel, Brig, Leuk, Siders, Sitten, Ardon u.a. noch heute erhalten sind.

Aus der ersten Eisenzeit (ca. 800 bis 400 v. Chr.) sind gegen 20 Walliser Ortschaften bekannt, davon Bergdörfer wie Kippel, Leukerbad, St. Luc, Bourg St. Pierre. Neues Leben und reges Kulturschaffen erwachte vor allem in der zweiten Eisenzeit, der Latèneperiode. Da blühten in der Talsohle die alten Dörfer und Weiler, und Leute stiegen zu hohen Berghängen auf, um ihre Wohnstätten zu gründen. Wieder gewann das Handwerk eigene Kunstformen. Spangen und Ringe aus Silber, Bronze oder Glas wurden in Mengen hergestellt. Viele trugen ein Ornament. Die Leute der Eisenzeit führten Handel und Verkehr über die Bergrücken nach Süden und Norden noch eifriger als ihre Ahnen. Sie schufen gleichsam Knotenpunkte ihrer Betriebe in den Seitentälern, wie die vielen Nachlässe am Fusse der Gemmi, in Binn, Zeneggen, im Visper-, Eifisch- und Bagnetal bezeugen.

Veränderungen des natürlichen Geländes durch den Menschen

Im Wallis lässt sich ein kleines Volk nieder, das sich unter ganz besonderen Bedingungen entwickelt hat. Anderswo lassen die Ebenen oder leichte Hänge den Raum nach allen Seiten offen. Hier befinden wir uns aber in einem geschlossenen Land, das ringsum von unübersteigbaren Wällen umgeben ist. Das Tal lässt dem Fluss, der es durchläuft, nur einen engen Ausgang. Es ist ein tief eingesenktes Land mit einer flachen Sohle, von der aus nach allen Seiten fast senkrechte Abhänge ansteigen. Es sind nur die Wurzeln der Wälder, welche die pflanzliche Erde festhält. Wurden die Wälder geschlagen, um fruchtbaren Boden zu gewinnen, so wurde dieser wiederum durch den Regen weggeschwemmt. Der Wald gewährte seinerseits Schutz vor Steinschlag und Lawinen. So wusste sich der Mensch zu helfen und unterbrach den Abhang. Wenn das Gefälle vorher gleichmässig abschüssig war, so haben sie ihn jetzt gestuft wie eine Treppe. Der Abhang wurde abwechselnd in senkrechte und waagrechte Flächen eingeteilt. Sie staffelten, im Laufe von Jahrhunderten, nach und nach ihre kleinen Felder übereinander. Durch die gemauerten Abstufungen entstanden fruchtbare Flächen, denn der Regen konnte nicht mehr ablaufen, und die Mauern aus ungemörtelten Steinen speicherten die Wärme der Sonne. Durch die im allgemeinen zu trockene Witterung musste das Wasser auf den Hochebenen, wo die Firnen[14] sind, gefasst werden. Über hölzerne Kännel, welche an den Wänden der Schluchten befestigt wurden, und durch künstlich angelegte Wassergräben gelang das Wasser durch endlose Verzweigungen an den Ort des Bedarfes.

LVS III PONT
QVESTREM · A · S
VM VIVENTI
ASIB · EVERSAM
ATERAN · BASIL
IAE OPT · PRIN
ECORA ATQ · (
X HVMILIOR I · I
RANSTVLIT ·
ANN SAL

3. Römerzeit

Um das Jahr 60 vor Christus war das Wallis von 4 Völkern bewohnt: die Uberer waren im oberen Landesteil bis an die Quellen der Rhone angesiedelt, die Seduner quartierten sich zwischen Brig und Sitten ein, die Veragrer besetzten das Gebiet um Martinach und die Nantuaten lebten im untersten Landesteil, am Lemansee. Zu dieser Zeit breitete sich das römische Reich immer mehr aus. Der Feldherr Julius Cäsar[1] wollte den strategisch wichtigen Pass über den Jupiterberg[2] unter seine Gewalt bringen. Mit einem Heer zog er 57 v. Chr. über diese Bergmulde und griff die Bewohner des Unter- und Mittelwallis an. Sein Feldzug war erfolgreich, und er besiegte die Einheimischen. Die Walliser, die ihre Freiheit sichern wollten und nicht gewillt waren, sich einem fremden Herrscher zu unterwerfen, überfielen bald darauf das Lager der Eindringlinge, deren Zelte in Martinach aufgebaut waren. Die Festung wurde mehrmals angegriffen, bis sich die Römer der Übermacht und dem Siegeswillen der Angreifer ergeben mussten und zum Rückzug gezwungen wurden.

Das Interesse der Römer am Wallis

Der Simplonpass und der Grosse St. Bernhard verbinden das Wallis mit Italien. Dies waren schon zu Urzeiten zwei natürliche Bergmulden, die ein Übersteigen der Südalpen ermöglichten. Die Bedeutung des Simplons für die Römer geht aus einer Inschrift aus dem Jahr 195 hervor. Diese bezeugt, dass die Handels- und Heeresstrasse über diesen Pass ausgebaut wurde. Eine noch grössere Bedeutung hatte der Grosse St. Bernhard, da dieser Weg die kürzeste Verbindung zwischen Italien und dem Rhein war.

Die Unterwerfung des Wallis

Der genaue Zeitpunkt der Unterwerfung des Wallis ist nicht bekannt. Im Jahre 25 v. Chr. besiegte Aulus Terentius Varro Murena die Salasser, die den südlichen Zugang des Grossen St. Bernhard (Gebiet um Aosta) beherrschten. Vielleicht ist das Wallis schon damals unter römische Herrschaft geraten. Im Jahre 16 v. Chr. unterwarfen die Römer die Südalpentäler zwischen Garda- und Comersee. Möglicherweise ergriffen sie gleichzeitig vom Tessin und vom Oberwallis Besitz. Im Jahre 15 v. Chr. eroberten Tiberius[3] und Drusus[4] in einem grossangelegten Feldzug die Zentralalpen zwischen dem Brenner und den Bündner Pässen. Während dieses sogenannten rätischen Krieges könnte auch das Wallis annektiert[5] worden sein.

Fest steht einzig, dass das Wallis um 7 oder 6 v. Chr. römisch war. Damals wurde das Siegesdenkmal von La Turbie oberhalb Monaco errichtet. Von diesem Denkmal sind allerdings nur noch Reste erhalten, doch die Inschrift ist überliefert. Sie führt unter den 46 unterworfenen Alpenstämmen auch die vier Völkerschaften des Wallis an. Die grösste Wahrscheinlichkeit beansprucht die Hypothese, dass das Wallis entweder während der grossen Alpenoffensive oder kurz danach, d.h. zwischen 15 und 10 v. Chr., römisch wurde. Das Rhonetal gehörte nämlich zunächst zur Provinz Rätien[6], welche erst 15 v. Chr. entstanden ist.

Mit der Eroberung des Wallis begann keine intensivere Besiedlung durch die Römer. Man kann die Zahl der eingewanderten Beamten,

Kaufleute und Gutsbesitzer auf ein paar Hundert schätzen. Die Romanisierung war eher ein kultureller Vorgang. Weil Latein als Schrift- und Amtssprache galt und die römische Kultur der keltischen überlegen war, passten sich die Einheimischen den Siegern allmählich an. Die Assimilation[7] setzte in den grösseren Ortschaften ein und erfasste im Laufe der Jahrhunderte auch die ländlichen Gebiete.

Die römische Eroberung erfolgte unter Kaiser Augustus[8]. Das Wallis war vor allem wegen seiner Lage ein strategisch wichtiger Standort und wurde wegen der Verbindung der Nord-Süd-Achse erobert. Die Römer bauten in Helvetien[9] mehrere Städte. Octodurus[10] wurde zum Marktflecken erhoben. Breite Strassen wurden angelegt, so besonders über die Alpen mit dem St. Bernhard und dem Simplon nach Italien. Die Wälder wurden gerodet und das Land urbar gemacht; Schulen wurden eingerichtet und Künste und Wissenschaft gelehrt.

Ein Jahrtausend vielfachen Wechsels war für das Wallis angebrochen, nachdem die Römer seine Herren geworden waren. Römische Sprache und römische Sitten bürgerten sich ein. Den Untertanen ging es dabei nicht übel. Die Seduner setzten schon 5 v. Chr. ihrem Schutzherrn, dem Kaiser Augustus, einen Ehrenstein. Die vier Völkerschaften einigten sich, um ihrem Oberherrn, dem Jüngern Drufus, 22 n. Chr. ein gemeinsames Denkmal zu errichten. Sie wurden vollberechtigte römische Bürger, stellten eine Reiterschwadron zum Reichsheer und sahen ihre Hauptstadt, «die Engfestung» Octodurus, mit dem Namen Marktflecken[11] des Claudius beehrt. Der Saumpfad über den Mons Poeninus (St. Bernhard) wurde 47 und der Simplonpass 196 zu einer Handels- und Heerstrasse ausgebaut. Kaufleute und Kriegstruppen durchquerten das Tal und brachten mit Verkehr und Wohlstand auch das Christentum. Der erste Bischof St. Theodor kam um das Jahr 360 nach Octodurus, 377 hatte der römische Regierungsstatthalter Asklepiodotus sein Amtsgebäude in

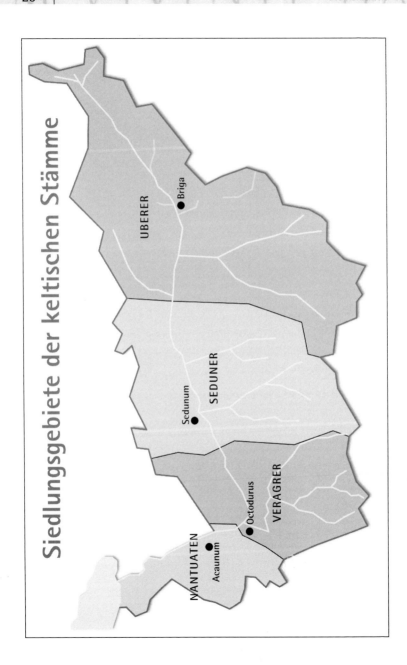

Siedlungsgebiete der keltischen Stämme

Sitten frisch ausgebaut und zeigte es der bereits christlich gewordenen Gemeinde unter dem Monogramm Christi. Dieses Monogramm ist im Stadthaus in Sitten als älteste bekannte christliche Inschrift, die je ein Amtsgebäude getragen hat, erhalten.

Die Entstehung des zweisprachigen Wallis

Um das 400 hatten sich im Wallis die keltische und die lateinische Sprache weitgehend miteinander vermischt. Das keltisch gefärbte Latein nennt man Romanisch. Daraus entwickelten sich bis Ende des 8. Jahrhunderts die franko-provenzialischen Mundarten. Zahlreiche Ortsnamen im Wallis gehen auf die romanische Sprache zurück.

Um 443 siedelte ein römischer Feldherr die Burgunder[12] am Genfersee an. Auf die Sprache der Walliser hatte dieses Volk keinen Einfluss. Im Wallis sprach man weiterhin Romanisch. Viel grösser war der Einfluss der Burgunder in den Kantonen Waadt und Freiburg. Ortsnamen burgundischen Ursprungs enden auf die Silbe …ens: Renens, Ecublens, Vucherens im Kanton Waadt und Vauderens, Attalens, Vuippens im Kanton Freiburg sind nur einige Beispiele.

Im Jahre 534 wurden die Burgunder von den Franken[13] besiegt. Auch dieses Volk brachte im Wallis keine sprachliche Veränderung. Wesentlich grösser war der Einfluss der Franken in der Nordwestschweiz. Typische Ortsnamen fränkischen Ursprungs sind solche, die mit der Silbe …cour zusammengefasst sind. Wir finden vor allem im Kanton Jura viele solcher Ortsnamen wie Bassecourt, Courgenay, Miécourt usw. Auch im benachbarten Frankreich sind Ortschaften mit dieser Silbe bekannt: Audincourt, Courchaton und viele mehr.

Vom 6. Jahrhundert an liessen sich die Alemannen[14] im schweizerischen Mittelland nieder. Später wanderte ein Teil von ihnen vom

Haslital über die Grimsel ins Goms ein. Ortsnamen wie Meiringen im Haslital und Ulrichen, Reckingen, Gluringen, Selkingen sowie Blitzingen im Goms gehen auf die Alemannen zurück. Typisch ist bei diesen Ortsnamen alemannischen Ursprungs die Endung ...ingen. Es ist möglich, dass auch eine alemannische Einwanderung über den Lötschenpass oder die Gemmi stattfand.

Bis 1300 war die Lonza bei Gampel die Grenze zwischen alemannischer und franko-provenzialischer Mundart. Erst seit 1600 bildet die Raspille bei Siders die Sprachgrenze zwischen dem Deutschen (alemannisch) und dem Welschen (franko-provenzialisch).

Das Unterwallis ist heute der französischen Sprache mächtig. Diese kam allmählich vom Lemansee her ins Wallis. Es gibt aber heute noch viele Dörfer, in denen das Patois gesprochen wird. Es handelt sich noch um eine franko-provenzialische Mundart, welche auf das Jahr 400 zurückzuführen ist. Hier finden wir auch die Erklärung, weshalb jedes Dorf sein eigenes Patois spricht. Da die Sprache im Wallis zu dieser Zeit mit der keltischen und lateinischen vermischt wurde, aber nicht in jeder Region auf die gleiche Art und Weise, ergaben sich die Sprachunterschiede. Die Sprache wurde entweder vom lateinischen oder keltischen mehr beeinflusst. Zudem kam das Französische hinzu, was zu erneuten Abweichungen führte.

4. Die Ausbreitung des Christentums

Unter den römischen Soldaten, Kaufleuten und Reisenden, die in unser Land kamen, gab es auch Christen. Durch sie wurde die Lehre Christi in unserem Vaterland verbreitet. Die heidnischen Kaiser liessen diese Ausbreitung nicht zu, und es kam zu mehreren blutigen Christenverfolgungen. Tausende erlitten den Martertod; so auch die thebäische Legion[1] mit ihrem Anführer Mauritius in Agaunum[2]. Dieser Mauritius gab der Stadt ihren heutigen Namen St-Maurice (St = Abkürzung von saint und bedeutet heilig). Durch die Bekehrung des Kaisers Konstantin[3] zum Christentum im Jahre 311 erhielt die christliche Kirche endlich Ruhe und Frieden. Eifrige Glaubensboten kamen aus Italien und Gallien (Frankreich) in die Gegend zwischen Rhone und Rhein. Im Wallis wirkte der erste bekannte Bischof, der hl. Theodor (im Volksmund auch Theodul oder St. Jodern genannt) mit Sitz in Octodurus. Er sammelte die Gebeine der thebäischen Legion und baute 420 in St-Maurice zu ihrer Ehre eine Kirche. Erst einer seiner Nachfolger, Bischof Heliodor, versetzte um die Wende des 6. Jahrhunderts den Bischofssitz nach Sitten. Die Gründe dieser Verlegung liegen darin, dass die Stadt Sitten immer mehr an Bedeutung erlangte und im Bistum zentraler gelegen war. Zudem war sie mit ihren zwei Hügeln leichter zu verteidigen. Der Angriff der Langobarden auf Martinach im Jahr 574 spielte sicher auch eine Rolle.

Um das Jahr 380 besetzten die heidnischen Alemannen den grössten Teil der jetzigen Schweiz. Später, um das Jahr 450, kamen die christlichen Burgunder und nahmen den westlichen Teil von Helvetien und das Wallis in Besitz. Um das Jahr 490 zogen die Goten[4] von Italien her und setzten sich in der Gegend des heutigen Graubünden und Tessin fest. Zuletzt brachen die Franken in Helvetien ein und unterwarfen sich nach und nach die Alemannen, Burgunder und Goten. Der König teilte das Land in Herzogtümer und Grafschaften ein und setzte tüchtige Heeresführer als Herzöge und Grafen über sie.

Kaiser Karl der Grosse

Der eifrigste Förderer des Christentums war Karl der Grosse[5], der vom Papste im Jahre 800 zum Kaiser gekrönt wurde. Er war der mächtigste Herrscher Europas. Karl war aber nicht nur ein tüchtiger Kriegsheld, sondern auch ein weiser Beherrscher seines Landes und ein Freund der Wissenschaft und der Kunst. So befahl er den Pfarrgeistlichen, in allen Gemeinden Schule zu halten, damit die Kinder im christlichen Glauben, im Lesen und Singen unterrichtet würden. Zugleich förderte er den Ackerbau, das Gewerbe und den Handel. Karl war Vorbild und guter Hirte zugleich. Seine vielen Höfe und Landgüter dienten den Landwirten als Muster. Die Kirchen und Klöster beschenkte er reichlich. Durch seine Tugenden erwarb er sich die allgemeine Liebe und Achtung des Volkes. Im Jahre 814 starb der Kaiser Karl der Grosse tief betrauert.

Das Wallis wird eine Grafschaft des Deutschen Reiches

Das Reich Karls des Grossen erstreckte sich von Spanien nach Ungarn und von Mittelitalien bis Dänemark. Seine Nachfolger vermochten das gewaltige Reich auf die Dauer nicht zusammen-

zuhalten. Es wurde in drei Reiche geteilt. Eines davon hiess Hoch-
oder Neuburgund, zu welchem auch das Wallis gehörte.

Der letzte König von Neuburgund, Rudolf III., schenkte im
Jahre 999 die Grafschaft Wallis mit allen Rechten und Einkünften
dem Bischof Hugo von Sitten und seinen Nachfolgern auf ewige
Zeiten. Damit wurde der Bischof Vasall[6] des Königs von Burgund.
Als aber Rudolf kinderlos starb, kamen seine Länder 1033 an das
Deutsche Reich. Von da an erhielt der Bischof von Sitten das Land
vom deutschen Kaiser zu Lehen[7].

Die Grafschaft Wallis, über die der Bischof im Namen des Kaisers
gebot, umfasste das Land von der Furka bis zum Kreuz von Ottans
unterhalb Martinach. Im übrigen Landesteil bis zum Genfersee hatte
der Bischof nur in geistlichen Sachen zu gebieten. Die weltliche
Herrschaft übten da die Grafen von Savoyen[8] aus, die sich im
bischöflichen Wallis nach und nach bedeutenden Grundbesitz er-
warben. Ebenso versuchten die mächtigen Herzöge von Zähringen[9]
ihre Herrschaft bis ins Wallis auszudehnen. Sie hatten vom Kaiser das
Recht erhalten, den Bischof von Sitten mit der Grafschaft Wallis zu
belehnen[10]. Und als der Kaiser ihnen dieses Recht wieder wegnahm,
wollte sich der Herzog Berthold V.[11] mit Gewalt behaupten. Er wurde
aber 1211 bei Ulrichen besiegt. Damit nahmen die Ansprüche der
Zähringer aufs Wallis ein Ende.

Die Arbeit der Klöster

Die Klöster übernahmen im ganzen Land eine wichtige Arbeit, und
die Mönche verbreiteten das Christentum immer mehr. Sie gaben
dem Volk durch Gebet und Arbeit ein gutes Beispiel und linderten das
Elend der Kranken und Armen. Die Jünger Jesu betrieben Ackerbau
und Viehzucht, bauten Häuser, Ställe und Mühlen. Sie rodeten die

Wälder und trockneten die Sümpfe aus, um neues und fruchtbares
Land zu gewinnen. Die Leute wurden von den Glaubensträgern im
Anbau des Bodens und in anderen nützlichen Arbeiten unterrichtet.
Um die Klöster wurden nach und nach Dörfer und Städte gebaut wie
z.B. St. Gallen, Einsiedeln und St-Maurice. Die Mönche wurden zu
Lehrmeistern des Volkes und zu Lehrern und Erziehern der Jugend.
Schulen für Knaben und Jugendliche wurden in den Klöstern ein-
gerichtet, wo auch Kunst und Wissenschaft gelehrt wurden. Die
Mönche schrieben sehr viele Bücher und zierten diese mit Zeichnun-
gen und Malereien, von denen heute noch viele erhalten sind.

5. Die Eidgenossenschaft

Die Selbständigkeit der drei Waldstätte

Das heutige Schweizerland wurde im Laufe der Zeiten von verschiedenen Fürsten, Grafen, Herzögen und Herren regiert. Einzig die Bewohner der drei Länder Uri, Schwyz und Unterwalden anerkannten niemals eine Oberherrschaft. Seit uralten Zeiten waren sie ein freies Hirtenvolk, und ihr höchstes Gut war die Freiheit. Um dies zu wahren, begaben sie sich freiwillig unter den unmittelbaren Schutz des deutschen Kaisers. Dieses Verhältnis nannte man die Reichsunmittelbarkeit. Als mit dem Kloster Einsiedeln ein Streit um die Rechte der Weiden entbrannte, wurden sie vom Kaiser in die Reichsacht[1] erklärt und vom Bischof von Konstanz mit dem Kirchenbanne[2] belegt. Erst Kaiser Friedrich I.[3] hob die Acht auf, und auch der Bischof von Konstanz löste den Bann. Zum Danke schlossen sich die drei Länder dem Heere des Kaisers an und fochten in Italien und Deutschland mit ehrenvoller Tapferkeit. Um diese Tapferkeit zu belohnen, stellte Friedrich II.[4] den drei Ländern Uri, Schwyz und Unterwalden im Jahre 1240 die erste Freiheitsurkunde aus. Darin stand geschrieben: «Die Bewohner der drei Länder sollen als freie Männer unmittelbar unter dem Schutze des Kaisers und des Reiches stehen.»

Nach dem Tode Kaiser Friedrichs II. folgte eine bittere Zeit. Es regierte kein deutscher Kaiser mehr. Jeder Herzog und Graf schaltete nach Willkür und verübte viele Gewalttaten. Diese Zeit, während der das Recht der stärkeren Faust galt, wird noch heute «die Zeit des Faustrechtes» genannt. Um sich gegen Übergriffe und Gewalt zu schützen, gingen manche Fürsten, Städte und Länder sogenannte Schutz- und Trutzbündnisse ein. So schloss auch der Bischof Heinrich von Raron zu Leuk im Jahre 1252 ein Bündnis mit der Stadt Bern ab. Ebenso schlossen sich die drei Länder Uri, Schwyz und Unterwalden noch enger aneinander. Sie verbündeten sich zugleich mit den Städten Zürich und Luzern. Das war der erste Bund zwischen Städten und Ländern, ein Vorbote des späteren Bundes der Eidgenossen.

Der mächtigste Graf im Schweizerlande war damals Rudolf von Habsburg[5] im Aargau. Durch seine Leutseligkeit, Einfachheit und Redlichkeit gewann er das Zutrauen des Volkes. Besonders ehrte er die Religion und ihre Diener. Durch seine Frömmigkeit und Gerechtigkeit erwarb er sich die Hochachtung der deutschen Reichsfürsten. Daher wählten sie ihn 1273 zum deutschen König. Auch als König vergass Rudolf seine alten Freunde in den drei Ländern Uri, Schwyz und Unterwalden nicht. Er bestätigte ihre Rechte und Freiheiten und bewahrte sein ganzes Leben lang eine huldvolle Gesinnung. Zum Dank unterstützten sie ihn im Krieg gegen den König von Böhmen[6] mit einer stattlichen Mannschaft.

Der Kampf gegen Savoyen und den aufständischen Adel im Wallis

Um das Jahr 1260 gefährdete der ländergierige Graf Peter II. von Savoyen das bischöfliche Wallis. Er wollte die Herrschaft des Bischofs auf das Oberwallis beschränken und das Land unterhalb der Morse (La Morge/Conthey) mit Savoyen vereinigen. Dies war aber nicht im Sinne des Bischofs Heinrich von Raron, und dieser setzte sich mit seinen treuen Landsleuten zur Wehr. Graf Peter II. blieb Sieger, und das Wallis wurde zweigeteilt. Erst nach dem Tode Peters im Jahre 1268 erhielt der Bischof seine Länder unterhalb der Morse zurück.

Einige Jahre später erhob sich ein Teil des einheimischen Adels, darunter die Herren Turn, Raron und Saxon, gegen den Landesbischof Bonifaz von Challant. Der Bischof suchte Hilfe bei der Stadt Bern und bewog diese im Jahre 1296 ein zehnjähriges Bündnis mit ihm zu schliessen. Aber auch die aufständischen Adeligen blieben nicht untätig; denn sie verbanden sich mit einigen Freiherren aus dem Berner Oberland und zogen mit einem wohlausgerüsteten Heere gegen das bischöfliche Wallis. Auf den Seufzermatten, am Rhoneufer bei Leuk, kam es 1296 zum entscheidenden Kampfe. In der blutigen Auseinandersetzung siegten die bischöflichen Truppen und nahmen die Herren von Turn und Saxon gefangen. In diesen Kämpfen ging Leuk in Flammen auf, aber auch Visp wurde zerstört und die Kirche in Brand gesteckt. Drei Jahre später (1299) wurde endlich Frieden geschlossen.

Das Leben zur Zeit der Lehensherrschaft

Die Völkerwanderung brachte mit den neuen Bewohnern unseres Landes auch neue Sitten und Gebräuche. Das Volk gliederte sich in Adelige, Freie und Unfreie. Zum hohen Adel zählten die Grafen und Freiherren sowie die Bischöfe und Äbte, die mit weltlicher Herrschaft belehnt wurden. Dem niederen Adel gehörten die Ritter an. Freie, die nicht zum Adel gehörten, gab es nur wenige. Der grössere Teil des Landvolkes bestand aus Unfreien, entweder Hörigen oder Leibeigenen. Die Hörigen durften den Hof, den sie bewirteten, nicht verlassen und mussten ihrem Herrn Grundzinse (Früchte, Vieh usw.) entrichten; im übrigen hatten sie manche Rechte und Freiheiten. Die Leibeigenen waren völlig Eigentum ihres Herrn, der sie wie eine Sache tauschen und verkaufen konnte (Sklaven!).

Städte und geschlossene Dörfer gab es damals nicht viele. Die Leute wohnten verstreut in einzelnen Gehöften. Die Städte waren klein. Jede Familie war Selbstversorgerin und fertigte ihre Kleider und Werkzeuge aus eigener Hand. Was andernorts vorging, erfuhr man nur durch wandernde Spielleute, Boten und Kaufleute. Ausser zur Feier des Gottesdienstes kamen die Bauern nur zusammen, wenn die Nutzung des gemeinsamen Waldes und des ungeteilten Weidelandes (Allmenden) geregelt wurde.

Der Adel wohnte in Burgen, die oft auf einer Anhöhe oder einem fast unzugänglichen Felsen gebaut waren. Wenn sie zum Kampfe auszogen, waren sie fast ganz in Eisen gekleidet; den Kopf deckte der Helm, die Brust der Panzer und die Beine wurden durch eiserne Schienen geschützt. Ihre Waffen waren: Speer, Schild, Schwert und Dolch. Auch zur Friedenszeit übten sie sich in ritterlichen Waffenspielen, die man Turniere nannte.

Die Eidgenossenschaft und die Vertreibung der Vögte

Nach dem Tode des Kaisers Rudolf von Habsburg gelangte sein Sohn Albrecht an die Macht. Er wollte nicht im Sinne seines Vaters regieren. Sein Ziel war es, die Freiheiten der Länder und Städte zu vernichten. Er wollte nicht herrschen und für das Wohl des Volkes sorgen. Er wollte sich die Leute zu Untertanen machen. So traten die drei Länder Uri, Schwyz und Unterwalden im Jahre 1291 zusammen und schlossen einen Bund zu gegenseitigem Schutz und Trutz. Weil sie diesen Bund eidlich beschworen, hiessen sie von nun an Eidgenossen.

Kaiser Albrecht erboste sich über diese Dreistheit. Es war nicht in seinem Sinne, und er setzte in den drei Ländern zwei österreichische Vögte ein. Gessler von Bruneck regierte über Uri und Schwyz und

Beringer von Landenberg wurde über Unterwalden gesetzt. Beide waren ihrem Kaiser hörig und als harte Tyrannen bekannt. Aber auch ihre Untervögte verübten viele ruchlose Taten. Sie behandelten das Volk wie Vieh und beuteten die Leute aus. Das angenehme Leben war vorbei. Angst und Furcht breiteten sich aus.

Werner Stauffacher von Steinen im Lande Schwyz war dieser Tyrannei überdrüssig und ging nach Uri zu Walter Fürst von Attinghausen, wo sich Arnold Anderhalden aus Unterwalden vor dem Vogt versteckte. Sie redeten von der Not und beschlossen, dass sich jeder in seinem Lande mit einigen mutigen und vertrauten Männern besprechen solle. Dann wollten sie alle heimlich zusammenkommen, um sich über die gemeinsame Befreiung des Landes zu beraten. Es geschah, wie verabredet worden war. Am Mittwoch vor Martini des Jahres 1307 kamen die Männer zur Nachtzeit im Rütli zusammen, einer einsamen Waldwiese am Fusse des Seelisberges. Jeder der drei Männer brachte noch zehn wackere Freunde mit. Nach gepflogener Beratung beschlossen sie, die bösen Vögte, wenn möglich ohne Gewalttat und ohne Blutvergiessen, aus dem Lande zu vertreiben. Diesen Beschluss beschworen sie bei Gott und seinen Heiligen. Am Neujahrsmorgen 1308 sollte er ausgeführt werden. Bis dahin hatte sich jeder ruhig zu verhalten. Am besagten Datum bemächtigten sich die Männer vom Rütli mit List und Wagemut überall der verhassten Burgen und verjagten die Vögte.

Der Beginn der Volksherrschaft im Wallis
Neue Kämpfe gegen Savoyen und die Freiherren von Turn

Während die Waldstätte und ihre verbündeten Orte immer freier und selbständiger wurden, erstarkte auch im Walliservolke der Sinn für Freiheit und Selbständigkeit wieder. In den vielen Fehden, die der Bischof gegen äussere und innere Feinde ausfechten musste, hatten ihm seine Untertanen treu beigestanden. Dafür gewährte er ihnen manche Rechte und Freiheiten. Bisher waren das Domkapitel und die bischöflichen Beamten die Berater des Landesfürsten. Nun wurden auch die Boten der bischöflichen Verwaltungsbezirke zu Beratern für das Wohl des Landes einberufen. So entstand der Landrat. Er setzte sich aus den Abgeordneten der Zenden[7] und des Domkapitels zusammen. Der Bischof führte den Vorsitz. In seiner Abwesenheit und im Kriegsfall vertrat ihn der Landeshauptmann.

Bischof Witschard Tavel hatte in der Fehde mit dem unbotmässigen Freiherrn Peter von Turn die Hilfe des Grafen von Savoyen, seines Verwandten, angerufen. Dieser kam mit einem Heere das Rhonetal herauf. Seine Absicht war aber nicht, dem Bischof zu helfen, sondern seine Herrschaft über das ganze Wallis auszudehnen. Als die Gemeinden des Oberwallis dies erfuhren, zogen sie dem Grafen entgegen. Sie unterlagen, und der Graf zwang ihnen 1352 harte Friedensbedingungen auf. Doch liessen sich die Walliser durch den erzwungenen Vertrag nicht binden. Sie schlossen 3 Jahre später ein Schutz- und Trutzbündnis. Graf Amadeus VI.[8] von Savoyen wurde einsichtig und fand es besser, im Frieden zu Evian[9] (1361) gegen eine Geldsumme seinen Ansprüchen auf das Wallis zu entsagen.

Bald entstand ein neuer Kampf mit den Freiherren von Turn. Anton, der Sohn von Peter, liess am 8. August 1375 durch gedungene Knechte den Bischof Tavel von der Höhe der Burg Seta[10] in den Abgrund werfen. Mit dieser Tat erhoffte er sich, den grössten Rivalen zu beseitigen und an die Macht zu kommen. Das Oberwalliservolk aber erboste sich und rächte die gottesräuberische Tat. Es schlug bei St. Leonhard Antons Heer, eroberte seine Güter, Lötschen und Niedergesteln, und zwang den Freiherrn, das Land zu verlassen.

Kaum war dieser Kampf beendet, da entbrannte ein neuer Krieg zwischen dem Oberwallis und Savoyen (1384). Der Feind warf sich auf die Stadt Sitten. Die kleine Besatzung wehrte sich heldenmütig, musste sich aber dennoch geschlagen geben. Die Stadt wurde eingenommen, geplündert und zum grossen Teil niedergebrannt. Durch seine Übermacht gestärkt, verlangte Graf Amadeus VII. die bischöflichen Besitzungen unterhalb der Morse und eine grosse Entschädigung an Geld. Da die Oberwalliser nur mehr geringen Widerstand leisten konnten, nutzte Amadeus die Gunst der Stunde und drang mit seinem Heer bis nach Visp vor. Die Walliser vereinten ihre Kräfte und sie stellten sich zur Gegenwehr. Am 23. Christmonat[11] 1388 errangen die Einheimischen einen vollständigen Sieg. Im Friedensschluss von 1392 erhielt Savoyen die bischöflichen Besitzungen unterhalb der Morse. Die savoyischen Gebiete im Oberwallis kamen an die Zenden.

Der Kampf gegen Witschard von Raron

Nach dem Sturze der Freiherren von Turn waren die Freiherren von Raron das mächtigste Adelsgeschlecht im Wallis. Aus ihrer Familie gingen vier Bischöfe hervor. Peter von Raron hatte die Walliser in dem siegreichen Kampfe gegen die Savoyer bei Visp (1388) befehligt. Sein Sohn Witschard hatte aber nicht mehr die gleichen Gesinnungen wie der Vater.

Er war herrschsüchtig und nur auf die Macht seiner Familie bedacht. Sein Neffe, Bischof Wilhelm, hatte ihn zum Landeshauptmann ernannt. Vom Kaiser Sigismund[12] liess er sich die weltliche Macht über das Wallis übertragen. Dadurch erbittert, erhob sich das Volk gegen Witschard. Von Brig aus wurde im Jahr 1415 das Banner des

Aufstandes, auf dem eine Hündin mit ihren Jungen abgebildet war, durchs Land getragen. Alles scharte sich begeistert um das Banner. Die Gefahr vor Augen ging Witschard in der Not auf die Forderungen des Volkes ein.

Seiner Herrschsüchtigkeit unterlegen, überfiel Witschard mit seinen Gefolgsleuten schon im folgenden Jahre (1416) mit bewaffneter Hand die Boten des Landrates. Dies war zuviel, und die Landsleute der fünf oberen Zenden schworen, sich für immer der Herrschaft des Hauses Raron zu entledigen. Sie zerstörten noch im gleichen Jahr die Feste Beauregard am Eingang des Eifischtales und im folgenden Jahr das Schloss Seta bei Sitten.

Witschard floh nach Bern, wo er das Burgerrecht besass. Die Berner versuchten zunächst den Frieden zu vermitteln, doch ohne Erfolg. Immer noch nicht geheilt von seiner Besessenheit und von Rachegelüsten getrieben, zog er im Oktober 1418 mit einer Schar Freiburger über den Sanetsch gegen Sitten. Die Stadt wurde erstürmt, ausgeplündert und zuletzt in Brand gesteckt. Dann griffen auch die Berner zu den Waffen. Ein Heer rückte über den Sanetsch heran. Es wurde bei Sitten zurückgeschlagen. Ein anderes, 13 000 Mann stark, fiel über die Grimsel ins Wallis. Obergesteln und Ulrichen gingen in Flammen auf. Doch der unerschütterlichen Tapferkeit der Walliser unter der Führung von Thomas Riedi und Diakon Minichow gelang es am 2. Oktober 1419, den Feind zum Rückzug zu zwingen.

Trotz ihres Sieges mussten die Landsleute dem Freiherrn die eroberten Güter zurückgeben und dem Bischof sowie den Bernern grosse Entschädigungen zahlen. Doch die Macht des Hauses Raron war für immer gebrochen. Witschard verliess kurze Zeit später mit seinen Söhnen das Land.

Die Eroberung des Unterwallis

Das Oberwallis war schon seit längerer Zeit mit den Eidgenossen befreundet und verbündet. Im Jahre 1416 hatte das Goms mit Luzern, Uri und Unterwalden ein ewiges Burg- und Landrecht abgeschlossen. Ein Jahr später traten die meisten Zenden diesem Bündnis bei, und im Jahre 1475 verbündete sich das Wallis mit Bern. Dem geschworenen Bunde treu vertrieben die Walliser die lombardischen[13] Söldner, die Karl dem Kühnen[14] über die Alpenpässe zu Hilfe eilen wollten, und fochten Schulter an Schulter mit den Eidgenossen in der heissen Schlacht von Murten (1476). Aber auch die Eidgenossen versagten dem verbündeten Wallis in der Stunde der Not ihre Hilfe nicht.

Zwischen Gundis (Conthey), das zu Savoyen gehörte, und Savièse war ein heftiger Streit wegen der Güter im Tal der Morse ausgebrochen. Um seine Untertanen zu schützen, sandte Savoyen ein Heer von 10 000 Mann ins Wallis. Ein Teil zog gegen Savièse und übte an seinen Bewohnern grausame Rache. Die Hauptmacht der Savoyarden rückte gegen Sitten heran. Die Walliser konnten dem Gegner nur 4000 Mann entgegenstellen. Am 13. November 1475 kam es auf der Planta zur Schlacht. Von der Übermacht erdrückt, begannen die Walliser zu weichen. Da erschienen vom Sanetsch her 3000 Freiwillige aus Bern, Freiburg und Solothurn. Diese entschieden den Sieg, den nun die Oberwalliser ausnützten und das ganze savoyische Gebiet bis nach Massongex hinab eroberten und zu ihrem Untertanenland machten. Der Vogt, der es im Namen der Zenden verwaltete, nahm seinen Sitz in St-Maurice.

Kardinal Matthäus Schiner

Matthäus Schiner wurde 1465 in Mühlebach im Goms geboren. Seine Eltern waren der Zimmermann Peter Schiner und Katharina Zmittweg. Von seinen Geschwistern sind uns drei Brüder, die später bischöfliche Kastlane wurden, und eine Schwester bekannt. Die Schiners waren einfache Bauersleute. Den ersten Unterricht erhielt der talentvolle Knabe von seinem Onkel Nikolaus Schiner, Pfarrer von Ernen. Dann besuchte er die Domschule in Sitten und vollendete seine Studien an auswärtigen Hochschulen. Am 21. April 1489 empfing Matthäus Schiner in Rom die heilige Priesterweihe. 1496 wurde er Pfarrer von Ernen, an Stelle seines Onkels Nikolaus, der zum Bischof von Sitten erwählt wurde. Bald wurde auch Matthäus zum Domherren und Dekan von Valeria ernannt. Wegen Altersschwäche verzichtete Nikolaus Schiner 1499 auf das Bistum von Sitten. Am 20. September des gleichen Jahres bestimmte der Papst Alexander VI.[15] den jugendlichen Matthäus zu dessen Nachfolger. Der neue Bischof, der im Januar 1500 feierlich in Sitten einzog, entfaltete eine fruchtbare Tätigkeit. Er reiste in die entlegensten Täler und erliess strenge Verordnungen, um Missbräuche zu beseitigen und das religiöse Leben des Volkes zu heben. Er förderte kirchliche Kunst und Bautätigkeit und liess während seiner Regierungszeit die Kathedrale zu Sitten und die Kirchen von Niedergesteln, Raron, Visp, Grächen, Saas-Grund, Ernen, Münster, Bagnes und Vouvry vollenden.

Von seinen Zeitgenossen wird Schiner als gelehrter und sehr weiser Bischof gepriesen, der mit den berühmtesten Gelehrten seiner Zeit in Verkehr stand. Er suchte Bildung und Wissenschaften auch im eigenen Lande zu verbreiten. Als weltlicher Fürst und Herr des Landes wusste er seine Rechte geltend zu machen. Mit eiserner Faust hielt er einige Aufwiegler darnieder, die in den ersten Jahren seiner Regierung die Matze[16] gegen ihn erhoben hatten. Im Verein mit den Abgeordneten des Domkapitels und der sieben Zenden schuf er ein neues Landrecht. Sein Bestreben, das Wallis als gleichberechtigten Stand mit der Eidgenossenschaft zu verbinden und das Land unter der Morse als frei zu erklären, hatte leider keinen Erfolg.

Schiners Wirken für das Wallis wurde 1510 durch seine Fehde mit Jörg auf der Flüe[17] und durch seine Tätigkeit im Ausland stark gehemmt. Jörg auf der Flüe, auch aus Ernen gebürtig, stellte sich in den Dienst Frankreichs, während Schiner mit seiner ganzen Macht dem Franzosenkönig entgegentrat. Dadurch wurden die beiden fähigsten und einflussreichsten Männer des Landes miteinander verfeindet, ihnen selbst und dem ganzen Lande zum grossen Schaden. Zuerst musste auf der Flüe, dann Schiner das Land verlassen; ihre Anhänger aber bekämpften sich in blutigem Hader[18]. Dagenen erzielte Schiner grosse Erfolge im Verkehr mit fremden Fürsten und Regierungen. Als Landesfürst schloss er ein Bündnis mit Bern. Im Frieden von Arona (1503) sicherte er der Schweiz den Besitz von Bellinzona und Blenio. Die Eidgenossen bewog er zu einem Bündnis mit Papst Julius II.[19] und vertrieb mit ihrer Hilfe die Franzosen aus Italien. Dafür gab der Papst den Eidgenossen den Ehrentitel «Befreier Italiens und Beschützer der Kirche». Nach der Niederlage von Marignano (1515) begann Schiners Ansehen beim Papst und sein Einfluss bei den Eidgenossen zu sinken. Trotzdem hielt er unbeugsam an seinen Zielen fest, und kurz vor seinem Tod konnte er wieder an der Spitze eidgenössischer Krieger in das eroberte Mailand einziehen. Bei geistlichen und weltlichen Fürsten in hohem Ansehen stehend, erhielt Schiner bei der Papstwahl nach dem Tode Leos X.[20] eine erhebliche Anzahl von Stimmen für die höchste Würde der Christenheit. Seine Wahl scheiterte an dem Widerstand der französischen Partei. Als im Herbst 1522 in Rom die Pest ausbrach und die meisten Kardinäle aus der Stadt flüchteten, blieb Schiner furchtlos beim Papste. Die Seuche ergriff ihn, und am 1. Oktober starb er im Dienste der heiligen Kirche. Sein Andenken blieb wegen der Schmähschriften seiner Gegner lange verdunkelt. Heute wissen wir aus sicheren Quellen, dass Schiner zu den grossen und hochgesinnten Kirchenmännern zu zählen ist.

Die Schlacht bei Novara

Die Lombardei war durch die Franzosen besetzt. Da 10 000 Eidgenossen als Reisläufer[21] im französischen Heer standen, suchte nun Kardinal Schiner im Auftrag des Papstes, die Eidgenossen dem französischen König abwendig zu machen und für den Herzog von Mailand zu gewinnen. Herzog Maximilian rüstete sich nämlich, die Franzosen aus Italien zu verteiben. Gern hörten die Eidgenossen auf die Mahnungen des Kardinals, verliessen den französischen König und zogen dem Herzog von Mailand zu Hilfe. Sie drangen 1512 in die Lombardei vor und verjagten innert weniger Tage die Franzosen. Ruhmgekrönt zogen die meisten heim; nur 4000 Krieger blieben in Mailand zurück. Schnell rückte nun der König von Frankreich mit einem mächtigen Heer gegen Mailand heran, eroberte die Lombardei zurück und schloss Herzog Maximilian mit seinem Heere in Novara ein. Da zogen 18 000 Eigenossen über die Alpen, um ihre bedrängten Brüder zu retten. Am 6. Brachmonat[22] 1513 kam es zur Schlacht, und die Eidgenossen blieben ein weiteres Mal siegreich.

Die Schlacht bei Marignano

Bei Marignano in der Nähe von Mailand kam es zwischen dem König von Frankreich und dem Herzog von Mailand am 13. Herbstmonat[23] 1515 noch einmal zur Schlacht. An der Spitze der Eidgenossen ritt Kardinal Matthäus Schiner, der sie zum Kampfe anfeuerte. Die Franzosen waren bereits am weichen, als ihnen 16 000 Venetianer zu Hilfe kamen und den Eidgenossen in den Rücken fielen. 8000 Schweizer waren bereits gefallen. So bildeten die Eidgenossen ein Viereck, nahmen ihre Verwundeten auf die Schultern, Geschütze und Beute in die Mitte und zogen sich in fester Ordnung nach Mailand zurück. Aus Hochachtung vor solcher Tapferkeit verfolgte sie der französische König nicht. Im folgenden Jahr schlossen die Eidgenossen mit Frankreich einen ewigen Frieden (29. Wintermonat[24] 1516). Darin überliess ihnen der König die Landschaften Lugano, Locarno und das Maggiatal.

Sitten und Gebräuche der alten Schweizer

Die alte Eidgenossenschaft war ein Staatenbund.[25] Jeder Ort hatte seine eigene, unabhängige Regierung. Bundesbehörden gab es nicht. Zur Beratung gemeinsamer Anliegen kamen die Boten der einzelnen Orte an der Tagsatzung zusammen. Ihre Beschlüsse erhielten erst Gültigkeit, wenn sie von den Orten genehmigt worden waren. Länder und Städte, die mit einem oder mehreren eidgenössischen Orten im Bunde waren, nannte man zugewandte Orte. Die durch Kauf oder Eroberung erworbenen Orte wurden als Untertanenland behandelt und von Vögten regiert. Jeder Eidgenosse war wehrpflichtig. Die Soldaten hatten aber weder einheitliches Dienstkleid noch einheitliche

Waffen. Viele Krieger trugen ihre gewöhnliche Kleidung. Als Waffen brauchte man Keule, Schwert, Hellebarde, Streitaxt, Speer, Schleuder und Armbrust, später auch Hakenbüchsen und grobes Geschütz (Mörser und Kanonen). Dieses war meistens erbeutet, daher von ungleichem Kaliber und umständlich in der Bedienung. Noch zur Zeit der italienischen Lohnkriege konnte ein Geschütz in der Stunde höchstens vier Schüsse abgeben. Man betrachtete die Schweizer als das tüchtigste Kriegsvolk. Fremde Fürsten und Könige versuchten sie als Söldner[26] anzuwerben.

In den Städten begannen Handel und Handwerk emporzublühen. Die Gewerbsleute vereinigten sich in Zünften.[27] Jeder selbständige Handwerker war verpflichtet, seiner Zunft beizutreten. Vor der Aufnahme hatte er eine Prüfung abzulegen und durch ein «Meisterstück» seine Fähigkeit zu beweisen. Die Zünfte förderten das Handwerk, hoben den Wohlstand und weckten Gemeinsinn.

Neben den Klosterschulen entstanden nach und nach Dom- und Privatschulen. In diesen erteilten die Geistlichen den Unterricht. 1459 gründete Papst Pius II.[28] in Basel eine Hochschule. In diese Zeit fällt die Erfindung der Buchdruckerkunst.

Abwehr der Reformation im Wallis
Verzicht des Bischofs auf die weltliche Herrschaft

Durch die Reformation wurden die Eidgenossen in zwei religiöse Parteien getrennt, in die katholische und in die reformierte. Als die reformierten Berner 1536 sich der savoyischen Gebiete in der Waadt bemächtigten und deren Bewohner zur Annahme des neuen Glaubens zwangen, stellten sich Monthey und die angrenzenden Gebiete am linken Ufer des Genfersees unter den Schutz der Walliser. So wurden sie im katholischen Glauben erhalten. Im Vertrag von Thonon[29] im Jahre 1569 gab das Wallis diese Gebiete wieder an Savoyen zurück, mit Ausnahme von Monthey. Von dieser Zeit an bildete die Morge bei St. Gingolph die Grenze des Landes.

Die Lehre der Reformation suchte und fand auch im Wallis Eingang. Naters, Visp, Leuk, Siders und Sitten waren die hauptsächlichsten Herde des neuen Glaubens. Reiche Familien, angesehene Männer, ja sogar einige Geistliche neigten der Neuerung zu. Und sie verstanden es, die Bischöfe von einer ernsten Verteidigung des katholischen Glaubens abzuhalten. Der Landeshauptmann Jossen liess sogar an die Türe der St. Theodulskirche in Sitten die Inschrift anheften: «Hildebrand (von Riedmatten), der letzte Bischof von Sitten». Da kam endlich Hilfe von aussen. Der päpstliche Nunzius[30] in Turin/Italien sandte die beiden Kapuziner Sebastian und Augustin, die mit grossem Eifer im französischen Landesteil predigten und das Volk im alten Glauben bestärkten. Im Oberwallis bemühten sich die Abgesandten der katholischen Stände, Geistliche aus Luzern und namentlich die Jesuiten[31] um die Erhaltung des Glaubens. Auch der Landrat ergriff 1604 in Visp strenge Massnahmen gegen die Umtriebe der Reformierten. In St-Maurice wurde 1611 und in Sitten 1631 ein Kapuzinerkloster gegründet. In Brig eröffneten die Jesuiten 1652 eine höhere Schule.

Von den Bischöfen hatte Hildebrand Jost am rührigsten gearbeitet, um die Sitten des Volkes zu verbessern und es im wahren Glauben zu erhalten. Die Walliser lohnten es ihm schlecht. Als er 1639 von Rom in sein Bistum zurückkehrte, zwangen ihn die Abgeordneten des Landrates, auf die weltlichen Hoheitsrechte zu verzichten. Vier Jahre später willigte er auf den Rat des päpstlichen Nunzius freiwillig in den Verzicht auf seine Hoheitsrechte ein.

Sitten und Gebräuche in der Schweiz seit der Reformation

Seit den italienischen Söldnerkriegen verhielt sich die Schweiz nach aussen neutral, d.h. sie mischte sich nicht mehr in den Streit, den ausländische Völker unter sich hatten. Indes bestand das Söldnerwesen fort und erreichte um die Mitte des 18. Jahrhunderts seinen Höhepunkt. Damals standen 70 000 Schweizer in fremden Diensten, vor allem in Frankreich.

Neben den gemeinsamen Tagsatzungen hielten Katholiken und Reformierte noch Sondertagungen zur Beratung ihrer besonderen Anliegen. In den Städten rissen einige reiche und vornehme Familien die Regierunsgewalt an sich (Aristokratie). Die öffentlichen Ämter wurden unter ihnen erblich. In den Ländern blieb die Volksherrschaft (Demokratie) im allgemeinen bestehen. Die Untertanen in den Vogteien wurden nicht selten von den Landvögten hart bedrängt und ausgebeutet. Die Folter war allgemein üblich. Durch irgend ein sonderbares Verhalten kam man in Verdacht, mit dem Teufel im Bunde zu stehen und Hexenkünste auszuüben. In Genf wurden innerhalb dreier Monate 500 Personen wegen Hexerei gefoltert und verurteilt. Katholische Geistliche traten zuerst dem Hexenwahn entgegen.

Auf der allgemeinen Kirchenversammlung in Trient/Italien (1545–1563) wurden die Irrlehren der Reformatoren verworfen und heilsame Satzungen zur Hebung des religiösen Lebens erlassen. Diese wurden in der Schweiz besonders durch den hl. Borromäus, den hl. Petrus Canisius und die päpstlichen Nunzien in Luzern (1586–1873) durchgeführt. In kirchlichen und weltlichen Bauten entwickelte sich ein neuer Stil (Renaissance und Barock). Die schönsten Kirchenbauten jener Zeit sind die Kathedralen in Solothurn und St. Gallen und die Klosterkirche in Einsiedeln. Auch im Wallis wurden in der zweiten Hälfte des 17. Jahrhunderts herrliche Kunstwerke geschaffen wie die Chorstühle in Valeria, Naters und Ernen.

Der Volksunterricht nahm nach der Reformation eher ab als zu. Dagegen wetteiferten Katholiken und Reformierte in der Schaffung höherer Schulen (Jesuitenkollegien in Freiburg, Luzern, Brig, Sitten und Schwyz). Der Handel blieb das Vorrecht der Zünfte und reicher Familien in den Städten. Unter den Gewerben blühten die Seiden- und Baumwollspinnereien in Zürich, die Leinenweberei in der Ostschweiz und die Uhrmacherei im Jura. 1740 kamen die ersten Kartoffeln in die Schweiz. Der Bauer führte unter den «Gnädigen Herren und Oberen» noch lange ein gedrücktes Dasein.

6. Von der Französischen Revolution bis zur heutigen Schweiz

Die Eine und Unteilbare Helvetische Republik

Durch die Französiche Revolution[1] im Jahre 1792 wurde der König abgesetzt und Frankreich zum Freistaat (Republik[2]) erklärt. Dies fand auch in der Schweiz seine Anhänger, und man wollte die aristokratische[3] Herrschaft auch in der Schweiz stürzen. Um dieses Unterfangen durchzuführen wurden die Verbindungen zur französischen Regierung ausgenutzt. So zogen die französischen Heere durch die Waadt und von Basel her kommend in die Schweiz ein, und es kam beim Grauholz[4] zur Schlacht, wo die Berner am 5. März 1798 geschlagen wurden.

Nach dem Sturze Berns gab die französische Regierung der Schweiz eine neue Verfassung. Es wurde die «Eine und Unteilbare Helvetische Republik» geschaffen. Dieser Einheitsstaat umfasste 19 Kantone, darunter auch das Wallis. Der Name «Kanton» tritt hier zum ersten Male auf. Das ganze Land sollte nur eine Regierung und Gesetzgebung haben. Der Grosse Rat und der Senat bildeten zusammen die gesetzgebende Behörde. Jeder Kanton konnte 8 Mitglieder in den Grossen Rat und 4 in den Senat abordnen. Die Regierung oder die vollziehende Behörde hiess Direktorium und bestand aus 5 Mitgliedern. In den obersten Gerichtshof entsandte jeder Kanton ein Mitglied. Der Sitz der Behörden war zuerst Aarau, dann Luzern. An der Spitze des Kantons stand der Regierungsstatthalter, der für jeden Bezirk einen Unterstatthalter, und dieser wieder für jede Gemeinde einen Agenten wählte.

Die neue Verfassung, «die Helvetik» genannt, erklärte alle Bürger vor dem Gesetze gleich. Man verkündete Gewissens- und Gewerbefreiheit. Indes wurde den Geistlichen das Stimm- und Wahlrecht entzogen, das Vermögen der Klöster als Staatsgut erklärt, die Wallfahrten untersagt und die Besetzung der Pfarreien den weltlichen Behörden übertragen.

Der Kampf gegen die Franzosen im Wallis

Die erste revolutionäre Bewegung im Wallis erfolgte im Jahre 1791 in der Vogtei[5] Monthey. Diese konnte von den Oberwallisern noch mit Waffengewalt unterdrückt werden. Der französische Gesandte Mangourit wiegelte das ganze Unterwallis auf, um es von einem Untertanenland zu einem gleichberechtigten Verbündeten zu machen. In diesem Sinne erhoben sich die Unterwalliser und verlangten Gleichberechtigung. Dem setzten die Oberwalliser keinen Widerstand mehr entgegen und stellten ihnen am 22. Februar 1798 die Freiheitsurkunde aus.

Mangourit, dem es gelungen war, das Wallis zur Annahme der helvetischen Verfassung zu bewegen, fuhr indessen fort, sich im Lande als Herrscher zu gebärden. Das wollten aber die freiheitsliebenden Oberwalliser nicht dulden und griffen zu den Waffen. Sie siegten über die Waadtländer, die Mangourit zu Hilfe gekommen waren. Dies erboste wiederum die Franzosen und es kam am 17. Mai 1798 bei Sitten zur Schlacht. Das französisches Herr, geführt von General Lorge, blieb siegreich und die Stadt wurde geplündert. Die Zenden mussten ihre Waffen abliefern und jeder 150 000 Franken Kriegsentschädigung bezahlen. Im folgenden Jahr sollte das Wallis, wie die übrigen helvetischen Kantone, Frankreich Soldaten stellen.

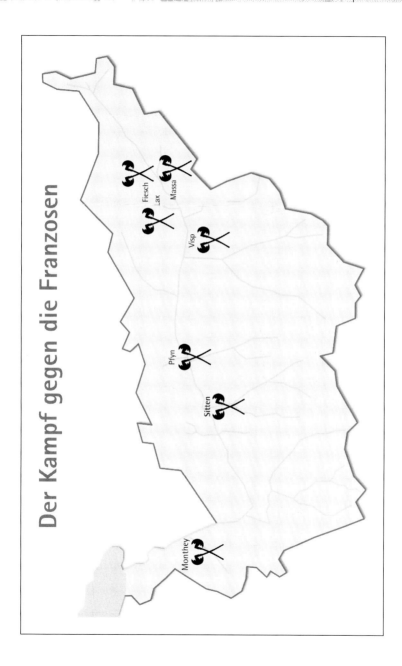

Der Kampf gegen die Franzosen

Das Wallis wies aber die Forderung ab. Die Franzosen rückten deshalb mit Heeresmacht ins Land, schlugen die Walliser in den Gefechten bei Pfyn, Visp, an der Massa, bei Lax und Fiesch (Mai bis August 1799). Viele Ortschaften wurden niedergebrannt; Hab und Gut wurde vernichtet oder geraubt. Es waren Tage grossen Elends. Nur ein Trost war unsern Vätern geblieben; sie hatten ihren Glauben und ihre Freiheit bis aufs Äusserste verteidigt.

Die Vermittlungsverfassung oder die Mediation

Diese neue Verfassung wurde den Schweizern am 19. Hornung[6] 1803 durch den französischen General Napoleon Bonaparte[7] vorgelegt, wobei die helvetische Regierung abdanken musste. Nach den Bestimmungen der Mediationsakte[8] bestand die Schweiz aus 19 Kantonen. Auch die Walliser hätten nichts sehnlicher gewünscht, als mit der Schweiz verbunden zu bleiben. Sie erklärten: «Schweizer waren wir, Schweizer sind wir, Schweizer wollen wir bleiben immerdar.» Allein Napoleon, der die Absicht hatte, das Wallis an Frankreich zu bringen, erklärte es am 5. September 1802 als freien und unabhängigen Staat. Die Unabhängigkeit bestand aber nur dem Namen nach. Napoleon baute eine grosse Militärstrasse vom Genfersee über den Simplon. Als er auf dem Gipfel seiner Macht angelangt war, vereinigte er am 14. November 1810 das Wallis als Departement[9] des Simplons mit dem französischen Kaiserreich. Notgedrungen musste man sich dem Machtspruch des gefürchteten Herrschers fügen.

Als aber Napoleon in der blutigen Schlacht bei Leipzig besiegt und aus Frankreich vertrieben wurde, versammelte sich die Tagsatzung[10] und schaffte die Mediationsakte ab. Wallis, Neuenburg und Genf wurden im Jahre 1815 in den Bund aufgenommen. So zählte die

Schweiz nun 22 Kantone, die zusammen einen unabhängigen Staatenbund bildeten. Hierauf wurde im selben Jahre der neue Bundesvertrag beschworen. Deswegen wird diese neue Verfassung der «Fünfzehnerbund» genannt.

Durch den «Fünfzehnerbund» wurden Friede und Ruhe wieder hergestellt. Jeder der 22 Kantone war unabhängig von den andern und schickte je zwei Abgeordnete zur Tagsatzung, die sich abwechselnd an den drei Vororten Zürich, Bern und Luzern versammelte. Diese teilweise Wiederherstellung der früheren Verhältnisse wurde die Restauration genannt.

Verfassungsänderung im Wallis

Die Französische Revolution und ihre Nachwirkungen beendeten die Vorherrschaft der 7 Zenden Goms, Brig, Visp, Raron, Leuk, Siders und Sitten über das Untertanenland Unterwallis. Es war der 22. Hornung im Jahre 1798, als die oberen Zenden die Bewohner des unteren Landesteils als freies Volk anerkannten. Es vergingen aber noch manche Jahre bis zu vollständigen Selbständigkeit der Unterwalliser. Mit der Verfassung vom 27. Mai 1815, durch die das Wallis Teil der Eidgenossenschaft wurde, kamen die 6 unteren Zenden Ering, Gundis, Martigny, Entremont, St-Maurice und Monthey zum Wallis.

Die Verfassung gewährte dem Oberwallis eine politische Übermacht. Alle Zenden konnten vier Abgeordnete in den Landrat wählen. Zudem besass der Bischof, meistens ein Oberwalliser, ebenfalls 4 Stimmen. Somit hatten die oberen Zenden ein absolutes Mehr, welches aber nicht der Bevölkerungszahl entsprach. 1837 zählten die 6 unteren Zenden 43 000 Einwohner, während in den 7 oberen

Zenden nur 33 000 wohnten. Zu Beginn des Jahres 1839 sollte eine Kommission eine neue Verfassung erarbeiten. Zudem wählten die Zenden Martinach, St-Maurice und Monthey auf 1000 Einwohner je einen Vertreter in den Landrat. Als diese Übermacht am 14. Januar dieses Jahres im Landrat in Sitten erschien, hob der Landeshauptmann Moritz de Courten[11] aus Protest die Sitzung auf. Die Abgeordneten der oberen Zenden verliessen mit ihm den Sitzungssaal. Da sich aber die Abgeordneten von Ering, Sitten und ein Teil der Vertretung aus Siders den Unterwallisern anschlossen, kam es zu einer konstituierenden Versammlung, wo eine neue Verfassung ausgearbeitet wurde. Trotz den Protesten und der Drohung der Oberwalliser nahmen die Unterwalliser die neue Verfassung am 17. Februar 1839 an. Der wesentliche Teil dieser Verfassung war die Wahl der Abgeordneten nach der Volkszahl. Das Oberwallis stimmte nicht ab. Am 3. August des selben Jahres wurde wieder eine neue Verfassung erlassen. Der Landrat wurde durch den Grossrat ersetzt. Auch der Landeshauptmann, der bisher den Staatsrat und den Landrat leitete, wurde abgeschafft. Als Landeshauptmann wird noch heute der Präsident des Grossrates bezeichnet, welcher sein Amt für ein Jahr innehat. Da sich somit zwei Verfassungen gegenüberstanden (1839 und 1815) und auch Versuche der Eidgenössischen Tagsatzung zur Schlichtung des Streites scheiterten, blieb nur noch die Möglichkeit, die Waffen entscheiden zu lassen. So wurden die Oberwalliser am 1. April 1840 bei Brämis, Lens und St. Leonhard geschlagen und mussten sich zurückziehen. Am Tag darauf kapitulierten sie bei Turtmann.

Die Jungschweizer

Unter den Liberalen des Unterwallis hatte sich am Ende der dreissiger Jahre ein Verein gebildet, dessen Mitglieder sich «Jungschweizer» nannten. Um ihr Ziel, die volle Herrschaft der Liberalen im Wallis, zu erreichen, schreckten sie auch vor Gewalttätigkeiten gegen die Konservativen nicht zurück. Da beschloss der Grosse Rat, den Verein mit Waffengewalt aufzulösen. Am Trient gerieten die Scharen der Jungschweizer zwischen zwei Feuer und mussten sich am 21. Mai 1844 ergeben. Der Verein wurde aufgelöst und seine Rädelsführer[12] aus dem Lande verbannt.

Der Sonderbundskrieg

Die katholischen Kantone befürchteten fernere Feindseligkeiten; darum schlossen sie zu ihrem Schutz einen besonderen Bund. Er wurde der Sonderbund genannt. Zu demselben gehörten Luzern, die Urkantone, Zug, Freiburg und Wallis. Die Tagsatzung forderte die Aufhebung des Sonderbundes und zugleich die Ausweisung der Jesuiten. Die konservativen Kantone verweigerten beides, und es kam zum Kriege, Sonderbundskrieg genannt.

Das eidgenössische Heer war 98 000 Mann stark und stand unter dem Oberbefehl des Generals Dufour von Genf. Die Sonderbundstruppen zählten nur 37 000 Mann und standen unter General Salis aus Graubünden. Dufour umzingelte den Kanton Freiburg und schloss die Stadt von drei Seiten ab. Nach kurzem Kampfe sah sich die Regierung genötigt, die Stadt an die Eidgenossen zu übergeben und vom Sonderbunde zurückzutreten (14. Wintermonat 1847).

Dann rückte ein starkes eidgenössisches Heer gegen die Stadt Luzern, welche sich am 24. Wintermonat 1848 ergab. Ebenso erging es den Schwyzern. Zu gleicher Zeit unterwarfen sich auch Unterwalden, Uri und Wallis. Damit war der Sonderbund aufgelöst (27. Wintermonat 1848). In den unterworfenen Kantonen wurden durchwegs liberale Regierungen gewählt, die Verfassungen geändert, die Jesuitenkollegien geschlossen. Die Walliser Verfassung liess den Geistlichen nicht mehr die Rechte, die alle anderen Bürger hatten. Dem Bischof, dem Domkapitel und anderen geistlichen Stiften wurde ein grosser Teil ihres Vermögens geraubt.

Die Bundesverfassung von 1848

Der Sonderbundskrieg hatte eine Änderung der eidgenössischen Verfassung zur Folge. Seit dem Fünfzehnerbund war die Schweiz ein Staatenbund. Jeder Kanton, ob gross oder klein, hatte an der Tagsatzung nur eine Stimme. Das hörte mit der neuen Verfassung auf. Die Tagsatzung wurde abgeschafft und die Bundesversammlung zur obersten gesetzgebenden Behörde gemacht. Diese besteht aus dem Nationalrat und dem Ständerat. Die Mitglieder des Nationalrates wurden vom Volke nach der Bevölkerungszahl eines jeden Kantons gewählt. In den Ständerat sendet jeder Kanton zwei Mitglieder. Von der Bundesversammlung wird der Bundesrat gewählt, der ihre Gesetze und Beschlüsse ausführen muss. Bern wurde Bundeshauptstadt. Die Zölle zwischen den Kantonen wurden aufgehoben und gemeinsames Geld, Mass und Gewicht eingeführt. Die Kantone hatten nicht mehr das Recht, mit fremden Fürsten eigenmächtige Verträge abzuschliessen. Der Söldnerdienst und das Reislaufen wurden verboten. Die Jesuiten wurden aus der Schweiz verbannt. Am

1. Herbstmonat 1848 nahm das Schweizervolk diese neue Verfassung an. Dadurch wurde die Schweiz in einen Bundesstaat verwandelt.

Die Wahrung der schweizerischen Neutralität

Während des deutsch-französischen Krieges (1870–71) und während des Weltkrieges (1914–18) sowie während desjenigen von 1939 bis 1945 blieb die Schweiz neutral und besetzte ihre Grenzen, um den Durchmarsch fremder Heere durch ihr Gebiet zu verhindern.

Die Abänderung der Bundesverfassung

1874 wurde noch einmal die ganze Bundesverfassung neu durchberaten und in wesentlichen Punkten abgeändert. Das Zivilstands- und Militärwesen wurden in die Hände des Bundes gelegt. Die Gründung neuer Klöster wurde verboten, der Unterricht in der Volksschule ausschliesslich unter staatliche Leitung gestellt.

Auszug aus der Verfassungskunde

- *Das oberste Grundgesetz eines Staates nennt man Verfassung. Die Verfassung bestimmt, wie der Staat regiert werden soll.*
- *In der Schweiz gibt es eine eidgenössische Verfassung und kantonale Verfassungen.*
- *Die eidgenössische Verfassung ist das Grundgesetz für die ganze Eidgenossenschaft. Sie wird Bundesverfassung genannt.*
- *Die kantonale Verfassung ist das Grundgesetz für jeden einzelnen Kanton. Sie wird Kantonsverfassung genannt.*
- *Eine Kantonsverfassung darf keine Bestimmungen enthalten, die mit der Bundesverfassung im Widerspruch stehen.*
- *Da jeder Kanton und jeder Halbkanton seine eigene Verfassung besitzt, so gibt es in der ganzen Schweiz 26 Kantonsverfassungen.*

Art. 5

Art. 5

Ainsi fait et signé
Zurich le 4.ᵉ Aoust
mille huit Cent et qu
/:1815:/

1815.

7. Vom Vallis poenina zum Kanton Wallis

Die ältesten Spuren der Besiedlung des Wallis reichen bis ins 4. Jahrtausend v. Chr. zurück. Für die Zeit lassen sich besiedelte Gebiete im unteren Rhonetal bis hinauf nach Brig nachweisen. Ein früher Schwerpunkt der Besiedlung scheint im Raum Sitten gelegen zu haben, wie die hier entdeckten Gräber vermuten lassen.

Auch in der Bronze- und Eisenzeit war der Siedlungsraum im wesentlichen auf das untere und das mittlere Rhonetal beschränkt. In der jüngeren Eisenzeit (500 v. Chr. bis zur Zeitwende) bestanden aber bereits über die Alpenpässe hinweg Verbindungen zwischen dem Oberwallis und dem Siedlungsraum der Leponiter[1] im Tessin. Die damalige Bevölkerung des Wallis, die den Kelten zuzurechnen ist, erweiterte den Siedlungsraum und liess sich auch schon in einigen klimatisch begünstigten Seitentälern nieder. Aus den Berichten der Römer kann man eine ungefähre Vorstellung gewinnen. Die Bevölkerung im Gebiet von Sitten bezeichneten die Römer als Seduner; weiter abwärts im Rhonetal lebten die Veragrer, und das Oberwallis war Siedlungsgebiet der Uberer.

Im Jahre 15 v. Chr. gelang es den Römern, ins Wallis vorzudringen, nachdem ein erster Versuch einige Jahrzehnte zuvor am Widerstand der Kelten gescheitert war. Bald nach der Eroberung wurde das Wallis an die Provinz Rätien angegliedert. Für die Römer war das Rhonetal vor allem wegen des Zugangs zu den Walliser Pässen von Interesse. Zwar war den Römern auch schon der Weg über den Simplon bekannt, doch hatte der Grosse St. Bernhard für sie eine weitaus grössere Verkehrsbedeutung. Über ihn führte die kürzeste Verbindung zwischen Oberitalien und Aventicum[2], dem damals wichtigsten Zentrum der Römer in der Westschweiz, sowie weiter nach Norden zu den Städten am Rhein.

Über die Römer erfolgten die ersten Kontakte mit dem Christentum. Die ältesten Hinweise beziehen sich auf die Zeit zwischen 280 und 300. Nachdem das Christentum im Jahre 1313 durch das Toleranzedikt von Mailand erstmals offizielle Anerkennung im Römischen Reich gefunden hatte, wurde der erste Bischof im Wallis eingesetzt. Die ältesten schriftlichen Hinweise stammen aus dem Jahr 381 und geben Kunde von Bischof Theodor, auch Theodul genannt, der seinen Sitz in Octodurus hatte und später als Schutzpatron der Walliser verehrt wurde. Wegen der immer wiederkehrenden Gefährdung durch Hochwasser, aber wohl auch wegen der Raubzüge der Langobarden wurde dann im 6. Jh. der Bischofssitz an einen besser geschützten Ort, nämlich nach Sitten, verlegt.

Etwa um die Wende vom 4. zum 5 Jh. brach die Herrschaft der Römer im Alpenraum zusammen. Die Burgunder liessen sich im Unterwallis nieder. Da sie wohl nicht allzu zahlreich waren und sich an die keltoromanische Kultur und Lebensweise anpassten, sind von ihnen nur wenige Spuren erhalten. Auf die Burgunder geht die Gründung des ältesten noch bestehenden Klosters der Schweiz in St-Maurice zurück.

Ins Oberwallis drangen ab dem 7. Jh. Alemannen aus dem Aaretal ein. Sie kamen über die Grimsel, wohl auch über den Lötschenpass und die Gemmi. Hier waren es die Zuwanderer, die ihre Sprache und Kultur durchsetzen konnten. Seit dieser Zeit ist das Oberwallis deutschsprachig.

Die Entwicklung im Wallis lief weitgehend unabhängig von den Ereignissen ab, die im Zentrum der Schweiz zur Entstehung der Eidgenossenschaft geführt hatte. Den Zenden schien es jedoch geraten, sich mit den Eidgenossen zu verbünden. Diesen Schritt taten in den Jahren 1416/17 die fünf oberen Zenden, dann 1475 auch die übrigen. Seitdem war das Wallis bis zur Aufnahme als Kanton (1815) zwar nicht Mitglied, aber doch zugewandter Ort der Eidgenossenschaft. Für die Eidgenossen waren die Machtverhältnisse im oberen Wallis von grösstem Interesse, denn die dortigen Pässe boten direkten Zugang zum Eschental (Val d'Ossola), das sich Uri, Unterwalden und Luzern als «Aussenbesitzung» sichern wollten.

Doch nicht nur die benachbarten Eidgenossen, sondern auch fremde Mächte begannen sich für die Walliser Pässe zu interessieren. Das galt wohl in besonderem Masse für Frankreich, das 1499 seine Herrschaft bis in die Lombardei ausdehnte. Auf jeden Fall sah der damalige Bischof des Wallis, Matthäus Schiner (1475–1522), die Selbständigkeit des Wallis gefährdet. Er knüpfte Verbindungen zu den führenden Staatsmännern Europas und versuchte die Bedrohung durch Frankreich mit diplomatischen Mitteln abzuwenden.

Die Auseinandersetzungen im Wechsel von Reformation und Gegenreformation hatten die Macht des Bischofs geschwächt und die der politisch geschickt taktierenden Zenden gestärkt. Es gelang ihnen schliesslich im Jahre 1634, den Bischof zur Abtretung der letzten weltlichen Hoheitsrechte zu zwingen. Im Gegensatz zur Eidgenossenschaft gab es im Wallis jedoch kein städtisches Patriziat[3], das die Macht ausübte. Bauern waren es, die sich in den Gemeindeversammlungen berieten und die Geschicke des Landes bestimmten. In gewisser Weise ist es berechtigt, das Wallis dieser Zeit als «Bauernrepublik» zu bezeichnen, doch im Grunde war es eher ein loser Zusammenschluss selbständig gebliebener Gemeinden. Dem Landrat, ihrem gemeinsamen Parlament, liessen sie nicht allzu viel Befugnisse zukommen.

Die Befreiung von bischöflicher Herrschaft hiess allerdings nicht, dass die gesamte Bevölkerung des Wallis nun gleichberechtigt gewesen wäre. Auch die Bauernrepublik hatte Untertanengebiete, deren Bevölkerung nur über beschränkte Rechte verfügte. Hierzu gehörten das ehemals savoyische Unterwallis und das Lötschental. Erst 1798 wurden im Zuge der «Helvetischen Revolution» im Wallis wie auch in den übrigen Gebieten der heutigen Schweiz die Unterschiede zwischen Untertanen- und Herrenlanden beseitigt.

Unruhe ins Wallis brachten erst wieder die Ereignisse im Gefolge der Französischen Revolution. Als 1798 französische Truppen einmarschierten, gab es keine Gegenwehr – die Unterwalliser erhofften sich von den Franzosen sogar die Befreiung von der Herrschaft der Oberwalliser. Die Oberwalliser erhoben sich erst, als das Wallis in die neugegründete Helvetische Republik eingegliedert worden war und nun Soldaten für die Franzosen rekrutiert werden sollten. Allerdings blieb ihr erbitterter Widerstand ohne Erfolg. Um sich den Zugang zum strategisch wichtigen Simplonpass zu sichern, gliederte Napoleon im Jahre 1802 das Wallis gegen den Willen der Bevölkerung wieder aus der Helvetischen Republik aus. Es wurde zunächst eine formal eigenständige Republik, dann aber 1810 französisches «Département du Simplon».

1815, nach dem Ende der französischen Herrschaft, wurde das Wallis als 22. Kanton in die neugegründete Eidgenossenschaft aufgenommen. Durch die Verfassung des Kantons und die Erweiterung von sieben auf zehn (später dreizehn) Bezirke erhielten die ehemaligen Untertanengebiete 1815 erstmals die Möglichkeit der Mitsprache im Landtag.

Das Wallis gehörte zu jenen sieben konservativ-katholischen Kantonen, die sich 1845 zu einem Bündnis gegen die freisinnigradikalen bzw. liberalen Kantone zusammenschlossen und damit die

Schweiz an den Rand des Bürgerkriegs führten. Auch innerhalb des Wallis bestanden zeitweilig beträchtliche Spannungen zwischen dem Unterwallis und dem Oberwallis bzw. zwischen den Angehörigen der beiden Sprachgruppen. 1907 wurde eine neue mit einigen Änderungen noch heute gültige Verfassung verabschiedet, die den Angehörigen beider Sprachgruppen eine adäquate parlamentarische Vertretung sicherte.

8. Klima

Bedeutung

Das Wort Klima kommt vom griechischen und bedeutet Neigung; der zusammenfassende Begriff für die Gesamtheit der atmosphärischen Zustände und Erscheinungen, die an einem bestimmten Ort oder in einer Gegend während längerer Zeiträume beobachtet wurden. Charakteristisch wird das Klima durch Mittelwerte, Extremwerte, Streuungen und Häufigkeiten der sogenannten meteorologischen Elmente. Es wird in erster Linie durch die geographische Breite, die Klimazonen, die Verteilung von Land und Meer, durch Gebirge und die Höhe des Beobachtungsortes bestimmt und hat seinerseits entscheidenden Einfluss auf die Vegetation und die Tierwelt.

Das Klima im Wallis

Wie die Menschen und der Kanton Wallis im allgemeinen ist auch die Wetterlage nicht zum Durchschnitt zu zählen. Die totale Einkesselung durch die Berge leistet hier ihren Beitrag zum Speziellen. So finden wir in diesem Tal verschiedene klimatische Stufen auf engstem Raum. Niederschläge sind rar und Nebel ist fast nicht bekannt.

Die geographische Lage und das Klima prägen den Einheimischen im Wallis wohl überdurchschnittlich stark. Wegen des besonderen Klimas liegt die Waldgrenze höher als in den nördlichen Voralpen. Diese besondere Wetterlage macht es den Menschen möglich, auf

Höhen zu wohnen, wo anderswo nicht einmal mehr die Pflanzen spriessen. Jahrhundertelang lebte der Grossteil der Einwohner auf Höhen von über tausend Metern über Meer. Besondere Spezialisten dieses Lebens in der Höhe waren die Walliser schon immer. Sie haben sich den Umständen angepasst und lernten mit der Natur und mit den klimatischen Verhältnissen zu leben. Der Boden war schon immer fruchtbar, und die Sonne trug ihre milde Wärme bis in die Regionen, wo Flachländer bereits mit dem Atmen ihre liebe Mühe hatten.

Sonnenstube im Schutz der Berge

Dass Niederschläge im Wallis nicht allzu reichlich fallen, ist dem Schutz der Bergumrahmung zuzuschreiben. Für den Fremdenverkehr kann dies ein Pluspunkt sein, für die Landwirtschaft jedoch kehrt sich dieser Umstand ins Gegenteil um. Der Niederschlag beträgt weniger als ein Drittel als im Tessin und halb so viel, wie in Zürich gemessen wird. Für den Ackerbau und den intensiv betriebenen Obstanbau ist also eine künstliche Bewässerung erforderlich. Das Wasser musste von den Bergen her ins Tal geleitet werden. Dieser Umstand führte dazu, dass Bewässerungssysteme gebaut wurden, die ihresgleichen in Europa nicht kennen. Diese Wasserfuhren heissen Suonen und werden noch heute unterhalten und benutzt.

Der allseitige Schutz der Berge, welche das Wallis abriegeln und förmlich einschliessen, hat beträchtliche Auswirkungen auf das Klima und die Niederschlagsverhältnisse. Die Luftmassen, aus welcher Himmelsrichtung sie auch kommen, werden an den äusseren Berghängen zum Aufsteigen gezwungen. Dadurch werden sie abgekühlt und verlieren als Folge der Wolkenbildung einen grossen Teil ihres Wasserdampfgehaltes. Regen und Schnee fallen also vor allem an den

Aussenflanken der Gebirgsumrahmung. Die ins Wallis absteigende Luft erwärmt sich zunehmend und wird dabei immer trockener. Dieser Effekt trägt dazu bei, dass Nebel und wolkenverhangener Himmel im Wallis seltener sind als in anderen Regionen der Alpen. Abgesehen vom Tessin scheint nirgendwo sonst in der Schweiz die Sonne so häufig unter einem strahlend blauen Himmel wie im Rhonetal und in seinen südlichen Nebentälern.

Zudem kommt noch die südliche Lage, denn das Wallis liegt südlicher als man denkt. Sitten liegt auf der geografischen Breite von Bellinzona, Zermatt liegt auf der Höhe von Lugano und das Hospiz auf dem Grossen St. Bernhard liegt so südlich wie Mendrisio im untersten Zipfel vom Tessin. Das Wallis ist ein Sonnenland, wie es auch das Tessin ist. In Sitten misst man eine mittlere Jahrestemperatur von 9,6 Grad. Zürich hat nur gerade 6,3 Grad im Durchschnitt. Die Trauben gedeihen bis auf eine Höhe von 1200 m ü.M., und die gelben Roggenfelder ziehen sich bis auf eine Höhe von 1700 Meter hinauf. Dazu kommt eine Regenarmut, wie man sie anderswo in der Schweiz nicht kennt. Wenn man in Zürich eine durchschnittliche Regenmenge von 1200 mm im Jahr misst, sind es im Rhonetal nur noch gerade 630 mm.

Gestufte Klimalagen

Die Leute haben hierzulande ein Vorrecht; sie leben in einem Gebiet mit verschiedenen meteorologischen Erscheinungen. Wenn auf den Höhen noch der Winter herrscht, ist im Tal schon alles in Blüte. Man kann hier in wenigen Stunden aus den Gegenden, in denen die Rebe gedeiht, bis zu Gebieten aufsteigen, die in ihrer Einöde und Armut an die arktischen Wüsten erinnern. In der Talsohle pflanzt man heute Erdbeeren, Spargeln und Aprikosen; steigt man etwas empor, so gibt es noch ein paar Roggenfelder und schliesslich nur noch Weiden. Und wenn man weiter hinaufgeht, so wird das Gras immer kürzer und spärlicher und das Felsgeröll immer häufiger, bis schliesslich nur noch Stein und etwas Moos übrigbleiben, dann nicht einmal mehr Moos, sondern nur noch Schnee und Eis. Es ist, als hätte man in kurzer Zeit mehrere tausend Kilometer bis hin zum Nordpol durcheilt. Sonst liegen die Himmelsstriche nebeneinander, hier liegen sie gleichsam übereinander. Diese klimatischen Bedingungen haben sich nicht verändert, seitdem der Mensch da ist, jedenfalls nicht, seitdem er sich niederliess.

Das Wallis weist ein Klima auf, welches sich vom Mittelmeer bis zum Nordpol erstreckt. Was normalerweise von Süd nach Nord an klimatischen Bedingungen gefunden wird, ist im Wallis von unten nach oben gestuft. Palmen und sonnenhungrige Trauben, wie sie in den südlichsten Regionen Europas gedeihen, finden wir ebenso wie Gletscher und den ewigen Schnee, welcher ganz im Norden zu Hause ist. So ist das Wallis auch in klimatischer Sicht etwas Besonderes und Eigenartiges.

Die Hälfte des ewigen Schnees der Schweiz liegt im Wallis, ebenso der längste Gletscher der Alpen. Die Eisströme stossen in subalpine[1] Gebiete vor. Der Aletschgletscher fliesst unterhalb der Waldgrenze. Der Höhenunterschied zwischen dem Talboden und den höchsten Berggipfeln beträgt bis zu 4000 Meter. Diese aussergewöhnlichen Klima- und Höhenunterschiede bringen im Wallis eine Vegetation hervor, die auf so engem Raum zu den reichsten Europas zählt.

Das Föhntal

Der Föhn[2] – der älteste Walliser.

Es wäre aber falsch anzunehmen, dass die Abschirmung des Wallis jeden Windhauch im Tal unterdrücken würde. Ganz im Gegenteil, sie ist geradezu die Voraussetzung für ein hier modellhaft ausgeprägtes Hangwindsystem[3]. Damit verbunden, aber meist weitaus deutlicher spürbar, sind Berg- und Talwind. Nachts bis zum frühen Morgen herrscht der talabwärts wehende Bergwind vor, während tagsüber der entgegengesetzt gerichtete Talwind häufig zu spüren ist. Hinzu kommen die verschiedenen Winde der Seitentäler, die sich mit dem Gebläse im Haupttal vereinigen und zu Turbulenzen führen. Delta-, Gleitschirm- und Segelfliegern schlägt das Herz höher, wenn sie sich dem Genuss dieser Winde aussetzen können und stundenlang von Aufwinden getrieben in der Luft schweben.

Die Stärke von Tal- und Bergwind hängt von den Temperaturgegensätzen im Tal ab. Der Wind kann sich bei Sonnenschein und Hochdruckwetterlage am besten entwickeln und wird durch die gerade Linie des Rhonetals und die hohen Gebirgszüge begünstigt. Eine gelegentliche Verstärkung ist der Sogwirkung der Nebentäler zuzuschreiben. Die Gletscherwinde strömen mit ihrer kalten Luft mit grosser Geschwindigkeit zu Tal. Dies aus dem Grund, dass die kalte Luft ein grösseres Gewicht hat und somit unter der Warmluft hindurchströmt. Dieser Wind bläst besonders stark an sonnigen Nachmittagen, wenn die Temeraturgegensätze der Luft über dem Eis am grössten sind.

Die Ursache des Föhns sind grossräumige Luftdruckgegensätze. Dieser warme Fallwind kann im mittleren Rhonetal sogar Sturmstärke erreichen und verlässt stark abgeschwächt das Haupttal bei Sitten in Richtung Berner Alpen. Richtige Föhnkanäle sind die Täler, die vom Grossen St. Bernhard bei Martinach ins Rhonetal münden und Richtung Genfersee strömen. Dieser Wind, Vaudaire genannt, erreicht Geschwindigkeiten bis über 100 km/h und ist bis in die Gegend von Lausanne zu spüren.

9. Industrie und Tourismus

Das alte Land

Stärker als in politischer Hinsicht hat sich das Wallis in den letzten hundert Jahren in sozialer und wirtschaftlicher Hinsicht verändert. Die Anlagen gewaltiger Wasserkraftwerke, die Ansiedlung zahlreicher Industriebetriebe im mittleren und unteren Rhonetal, der Ausbau der Verkehrswege und die enorme Ausweitung des Fremdenverkehrs, das alles hat nicht nur das Bild der Landschaft, sondern auch das Bewusstsein der Bevölkerung verändert. Wie überall ist auch im Wallis dieser Wandel nicht immer harmonisch abgelaufen. Die Zersiedlung des unteren und mittleren Rhonetals, das sich stellenweise geradezu zu einer Industriegasse entwickelt hat, sowie die Zerschneidung durch Strassen, Eisenbahn und schliesslich Autobahn sind hier zu nennen. Aber auch in der Bergregion ist es – meist als Folge der immer weiter fortschreitenden touristischen Erschliessung – zu tiefgreifenden Veränderungen gekommen.

Bis zur Mitte des 19. Jh. war das Wallis ein fast völlig agrarisch[1] orientierter Raum, in dem vom Anbruch des Industriezeitalters nichts zu spüren war. Die Landwirtschaft diente der Selbstversorgung der bäuerlichen Bevölkerung, wenige Produkte wurden auf den Markt gebracht und noch weniger wurde ausserhalb des Wallis verkauft. In Tagebuchaufzeichnungen und Berichten früher Reisender ist nicht viel Schmeichelhaftes über das Wallis zu lesen. Die Bewohner werden als rückständig hingestellt, uninteressiert an jeder Art wirtschaftlicher Betätigung, die über die Beschaffung der täglichen Nahrung hinausgeht. Fremden begegne man mit grösstem Misstrauen, wenn nicht gar Feindseligkeit. Andere Reisende, so auch Goethe, der im November 1779 durch das Wallis reiste, beklagten die Unsauberkeit im Lande. Auch für die Eidgenossen in Genf, Bern und Zürich galt das Wallis lange Zeit als ein rückständiges, von der Welt abgeschlossenes Land, als das «Kaschmir von Europa», wie es im Jahre 1800 in der angesehenen «Helvetischen Monatsschrift» zu lesen war.

Sicherlich hat auch die Natur des Landes dazu beigetragen, dass das Wallis jahrhundertelang weitgehend auf dem Stand der Naturalwirtschaft stehen blieb. Eine wichtige Rolle hat hierbei die unzureichende Verkehrserschliessung gespielt. Die Wege über die Pässe waren beschwerlich und nur zu Fuss oder mit Saumtieren zu bewältigen. Entsprechend gering war das Güteraufkommen im Passverkehr. Im Lande selbst war die Situation nicht viel besser. Der Zugang zu den meisten Gebirgstälern war nur über schmale Pfade möglich. Selbst das Rhonetal, weithin eine sumpfige, durch Hochwasser, Lawinen und Bergstürze bedrohte Niederung, war stellenweise kaum passierbar.

Die Erschliessung durch Strasse und Eisenbahn

Der Bau von Fahrstrassen über den Simplon (Anfang des 19. Jh.) und über die Furka (1820–1867) hatte in erster Linie militärische Gründe, wirkte sich aber natürlich auch auf den zivilen Verkehr aus. Eine Fahrstrasse erhielt der Grosse St. Bernhard auf Schweizer Seite erst in den Jahren 1840–1893. Zunächst allerdings kam der Ausbau der Strassen weniger dem Güterverkehr als vielmehr dem Personenverkehr zugute, der nun per Kutsche und damit bequemer und schneller als bisher abgewickelt werden konnte. Ab 1840 wurde die Hauptstrasse talaufwärts erneuert, allerdings zunächst nur bis Naters/Brig. Das Obere Goms war erst nach 1860 über eine Fahrstrasse erreichbar. Die Erschliessung der Nebentäler dauerte noch länger, denn die Berggemeinden konnten die Kosten des Strassenbaus selbst nicht aufbringen. Zu den früh erschlossenen Tälern gehört das Val d'Anniviers, das bereits 1840/41 über eine Strasse erreichbar war. Einige andere Nebentäler mussten noch über Jahrzehnte warten, bis auch sie Anschluss an das Strassennetz erhielten. In einigen Fällen war es erst der Bau von Kraftwerken, der zur verkehrsmässigen Erschliessung der Täler Anlass gab.

Auch mit dem Bau einer ersten Eisenbahnlinie dauerte es im Wallis länger als in den meisten anderen Kantonen. Erst 1878 war der Bahnbau rhoneaufwärts bis Brig vorgedrungen. Fast 3 Jahrzehnte lang war hier der Endpunkt des Bahnverkehrs. Zwar gab es bereits um 1850 erste Überlegungen zum Simplontunnel, jedoch erwies sich dieses Projekt aus technischen und finanziellen Gründen zumindest vorläufig als nicht durchführbar. Bei der Diskussion um die Nord-Süd-Verbindung quer durch die Alpen konnten sich zudem die Befürworter der Gotthardlinie durchsetzen.

Die Industrie hält Einzug

Der um 1860 vom Genfersee her vordringende Bahnbau schuf eine zuverlässige und leistungsfähige Verbindung vom westlichen Mittelland und damit auch zu den übrigen Kantonen. Die ersten Fabriken entstanden im Raum Sitten und im Unterwallis. Hierzu gehörte die 1860 in Sitten gegründete Brauerei. Als weitere Beispiele seien Industriebetriebe in Monthey mit Tabakverarbeitung, Seifen-

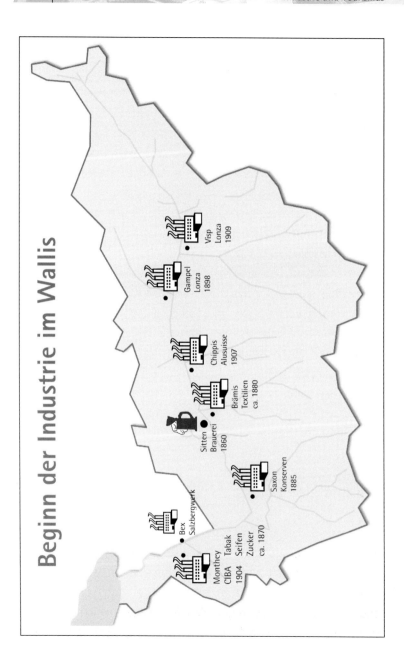

Beginn der Industrie im Wallis

Visp
Lonza
1909

Gampel
Lonza
1898

Chippis
Alusuisse
1907

Brämis
Textilien
ca. 1880

Sitten
Brauerei
1860

Saxon
Konserven
1885

Bex
Salzbergwerk

Monthey
CIBA
1904

Tabak
Seifen
Zucker
ca. 1870

herstellung und Zuckerfabrikation genannt. In Brämis wurden Hüte und Textilien gefertigt, und in Saxon entstand 1885 eine Konservenfabrik.

Neben der Erschliessung neuer Verkehrswege wurde die Nutzung der Wasserkraft entscheidend für die industrielle Entwicklung des Wallis, insbesondere für die Grossbetriebe, die bis vor einigen Jahrzehnten die Industriestruktur bestimmten. Die ersten lokal bedeutenden Kraftwerke entstanden um 1880. Zu den frühen Grossbetrieben, deren Standort durch die Wasserkraft bestimmt wurde, gehören die Lonza-Werke. Dem 1898 in Gampel erbauten Werk folgte 1909 eine weitaus grössere Anlage des gleichen Unternehmens in Visp, wo die Wasserkraft der Saaser Vispa genutzt werden konnte. Im Kraftwerk Ackersand bei Stalden wurde die damals grösste Turbine der Welt in Betrieb genommen.

Auch die Aluminiumindustrie des Wallis geht auf die Nutzung der Wasserkraft zurück. Für die Produktion von Aluminium aus Tonerde werden grosse Mengen von Gleichstrom benötigt, der um die Jahrhundertwende nicht über grössere Entfernungen transportiert werden konnte. Die 1907 in Chippis gegründeten Aluminiumwerke Alusuisse wurden später um Walz- und Presswerke erweitert. Chippis entwickelte sich zu einer Fabrikstadt mit typischen Arbeiterwohnquartieren.

Standort eines Grossbetriebes wurde zu Beginn des Jahrhunderts auch Monthey. Für die Ansiedlung des CIBA-Werkes im Jahre 1904 waren neben der auch hier reichlich zur Verfügung stehenden elektrischen Energie vor allem die Salzvorkommen im benachbarten Bex entscheidend.

Die Beispiele zeigen, wie sehr die Walliser Industrie in ihren Anfängen von der Möglichkeit zur Nutzung der Wasserkraft bestimmt wurde. Bereits 1918 waren im Wallis 32 Wasserkraftanlagen in Betrieb, deren Leistung etwa einem Fünftel der gesamten Schweizer Erzeugung entsprach. Auch heute noch gehört das Wallis mit seinen 75 Wasserkraftwerken zu den Führenden unter den Schweizer Kantonen.

Der Tourismus kommt ins Wallis

Der Ausbau der Eisenbahn wirkte sich nicht nur auf die Industrialisierung aus, sondern schuf auch für den bereits zuvor in Mode gekommenen Tourismus neue Möglichkeiten. Anfangs begegnete die Bevölkerung den Fremden allerdings oft genug mit Misstrauen. So wird berichtet, dass die ersten englischen Touristen, die nach Zermatt kamen, für Räuber und Schafdiebe gehalten wurden und vom Pfarrer vor den aufgebrachten Dorfbewohnern in Schutz genommen werden mussten. Von ähnlichen Erfahrungen berichteten Reisende aus anderen Gebirgstälern.

Die ersten auf Touristen eingestellten Gasthäuser entstanden in den dreissiger Jahren des vergangenen Jahrhunderts, darunter 1831 in Gletsch das Gasthaus «Zum Rhonegletscher» und 1839 ein bescheidenes Hotel in Zermatt mit 3 Betten. Als die Eisenbahn die Anreise ins Wallis erleichterte, entwickelte sich der Tourismus innerhalb weniger Jahre zu einem blühenden Gewerbe. Die anfangs noch recht umständliche Anreise zu den Fremdenverkehrsorten in den Nebentälern wurde nach und nach durch Bergbahnen erleichtert. Der Anfang machte 1891 die Schmalspurbahn[2] Visp–Zermatt, der dann 1898 die Strecke Zermatt–Gornergrat folgte.

Für den Touristen ist das Wallis ein Wunderland. Die Hochgipfel stellen die sensationellsten Kletteraufgaben und bieten die besten Möglichkeiten für den Wintersport. Das Tal mit seinen vielen Sei-

tentälern ist reich an landschaftlichen Schönheiten und buntester Vielfältigkeit. Die Dörfer sind kulturhistorische Erinnerungsstätten des alten Lebens, und auf den alten Pässen wuchern die Erinnerungen auf jedem Stein. Man wird nie fertig mit der Besichtigung dieses so abwechslungsreichen Alpentals. So wäre das Wallis mit gutem Gewissen als das Ferienland par excellence zu preisen, denn es hat alles; Täler und Dörfer von hundertjähriger Rückständigkeit und modernes Fremdenleben von grossem Schnitt, enge Einsamkeiten und weite sonnendurchflutete Herrlichkeit, Berge, Gletscher, Licht und Sonne, und dazu ein interessantes Volk, das wie kaum anderswo in der Schweiz mit der Landschaft, mit den Bergen und Tälern eng und heimatlich verwurzelt ist.

Heute gehört das Wallis zu den wirtschaftlich starken Kantonen der Schweiz. Einen wesentlichen Anteil daran hatte die Förderung, die die Industrie seit den fünfziger Jahren von staatlicher Seite her erhielt. Dies schien der Regierung des Kantons notwendig, da die Landwirtschaft als Folge einer tiefgreifenden Agrarkrise nicht mehr genügend Erwerbsmöglichkeiten bieten konnte. Die Unwegbarkeiten einer einseitig auf Fremdenverkehr ausgerichteten Wirtschaft hatte der Zweite Weltkrieg drastisch vor Augen geführt, als praktisch von einem auf das andere Jahr die Auslandsgäste ausblieben.

Die Folgen der Entwicklung

Mit den neuen Tätigkeiten in der Industrie und im Tourismus ändert sich das Leben auf einen Schlag. Der Walliser wird aus seinem häuslichen Umfeld herausgerissen, um sich während Stunden in einer Fabrikhalle einzuschliessen und seinem Verdienst nachzugehen. Er wird vom Selbstversorger zum Abhängigen und Angestellten. Der Walliser, der immer fei war und auf dem Feld, in den Reben und mit den Tieren sein Auskommen verdiente, wird jetzt zu einer namenlosen Nummer in der Fabrik. Er überspringt somit eine ganze Zeitepoche, ohne dass er sich allmählich anpassen kann. Seine Tätigkeit in der Insdustrie beruht auf Zusammenarbeit, nur im Kollektiv erzeugt er ein Produkt. Er war immer alleine, jetzt arbeitet er mit zweitausend anderen Gleichgesinnten zusammen. Der Bauer ist nicht mehr sein eigener Herr und Gebieter, es sind andere, die ihm befehlen. So fühlt er sich vom freien Mann zu einem Untertanen zurückgestuft. Er muss für die Gäste Kochen, die Wäsche waschen, das Zimmer aufräumen, sie bedienen und für ihr Wohlbefinden da sein. Diesem neuen Leben kann er sich aber nur sehr schwer anpassen, denn alles kommt so schnell und unverhofft. Sein Leben hat sich in Kürze total verändert.

10. Eigenarten und Eigenschaften der Walliser

Der Name

Das Wallis ist das Land, das von der Furka bis zum Lemansee auf einer Länge von 180 km das obere Flusstal der Rhone[1] ausfüllt. Die Römer hatten dieser Gegend nach ihrer Eroberung den Namen Vallis poenina gegeben. Vallis bedeutet in der deutschen Sprache «das Tal». Doch schon unter dem römischen Kaiser Claudius in den Jahren 41 bis 54 war die Bezeichnung teilweise nur noch Vallis. Seit dem 6. Jahrhundert heisst es auf Deutsch Wallis. Die romanischen Anwohner haben den Namen Vallis oder pagus vallensis, wie sie es nannten, zu Valleis umgeformt. Daraus entstand Valais, wie der Kanton Wallis heute auf Französisch genannt wird.

Von Bergen eingekesselt

Aus der Abgrenzung durch die hochaufragenden Gebirgsketten wird deutlich, dass das Wallis eine Einheit bildet, wie sie in dieser Grösse und Geschlossenheit im Alpenraum sonst kaum vorkommt. Die Abgeschlossenheit nach Norden, Osten und Süden hin hat die Geschichte des Wallis in politischer, kultureller und wirtschaftlicher Hinsicht stark beeinflusst. Erst durch den Bau von Eisenbahn- und später von Strassentunnels erhielt das Wallis auch im Winter befahrbare Zufahrtswege, die eine zuverlässige Verbindung mit der Zentralschweiz und mit Oberitalien herstellten.

Das «Nomadentum»

Es ist den klimatischen Bedingungen zuzuschreiben, dass die Bewohner des Rhonetals als Nomaden[2] von einem Ort zum andern zogen. Noch heute haben viele Walliser einen Zweitwohnsitz, ein Chalet, welches sie als Stall oder Maiensäss geerbt und umbaut haben. Die Walliser waren von jeher eingeschlossen in ihrem Tal und somit auf sich selbst angewiesen. Und so ist es teilweise noch heute, trotz den guten Verbindungen in die Aussenwelt durch Strassen-, Eisenbahn-, Luft- und Netzverbindungen.

Der Einheimische war mit seinem Boden eng verbunden, und dies gleich zwei- und dreifach. Er hatte ein Haus in den Reben, ein anderes in der Kirchgemeinde weiter oben, wo die Familie ihren Hauptwohnsitz hatte, und ein drittes noch höher, in den Maiensässen auf den Alpweiden. Jede dieser Stufen genügte nur einem der Bedürfnisse, die der Selbstversorgung dienten. So war er gezwungen, von einem Ort zum anderen zu wandern, und er war das ganze Jahr immer unterwegs. Im Frühjahr stieg er hinab, um die Reben zu schneiden. Während der Erntezeit weilte er im Dorf, wo er sein richtiges Zuhause hatte und wo auch seine Familie lebte. Den Sommer verbrachte er auf der Alpe, um zu seinem Vieh zu schauen, und im Winter hielt er sich wieder in der Kirchgemeinde auf. Er war ständig unterwegs, um dem Land das abzugewinnen, was er für sein Leben brauchte. Diese Wanderungen unternahm er, da er es mit verschiedenen klimatischen Lagen zu tun hatte und aus allen den besten Nutzen zog. Der Walliser Bauer musste für seine Nahrung und für das Futter der Tiere sorgen. Er produzierte Alpkäse und Rebensaft und wusste sich mit allem Nötigen selbst zu versorgen, was er heute noch bestens beherrscht. Deshalb unternahm er die vielen Reisen bergauf und bergab und war stundenlang alleine unterwegs. Und um nicht nur zu wandern, richtete er an jedem seiner Arbeitsorte ein kleines Heim ein, in welchem er einen Notunterschlupf fand.

Eine kleine, abgeschlossene Welt – und doch ganz offen

Es ist eine kleine, ganz von Bergen umschlossene Welt, die an einem ihrer Enden nur so weit geöffnet ist, dass sich der Fluss durch die Pforte, die er sich selbst in die Felsen gegraben hat, gerade hindurchzwängen kann. Und dennoch steht diese kleine Welt der Ferne offen und ist zum vornherein dem Verkehr ausgesetzt, weil sie an der Strasse liegt, die vom Norden nach den südlichen Ländern des Mittelmeeres führt. Es ist auch zu bedenken, dass das Land von einem Ende zum anderen von der Rhone durchflossen ist, die selbst einer langen Strasse gleicht, die bis zum Meere reicht. Man folgte dieser Strasse so weit es ging zu Schiff; dann setzte man an Land und stieg weiter den Ufern entlang talaufwärts. Der natürliche Weg, den der Fluss durch vielerlei Hindernisse gegraben hatte, konnte einfach ausgenützt werden. Von jeher und schon lange bevor geschichtliche Zeugnisse über die einzelnen Strassen des Verkehrs berichteten, gab es solche Wege, die vom Handel quer durch Europa offenstanden und auf welchen die Güter des Meeres den Gebirgen und umgekehrt die Erzeugnisse der Berge den Ländern des Meeres zugetragen wurden. So brachte man Gewebe, Muscheln und Bernstein[3] in das Gebirge und tauschte dafür Käse und Häute ein. Es gab eine Bernsteinstrasse, eine Seidenstrasse, es gab Karawanen[4], und seit frühesten Zeiten herrschte ein reger Verkehr zwischen Ländern, die scheinbar weit voneinander getrennt lagen.

Und dieses Wallis ist ein kleiner Teil davon, wenn es noch so eingeschlossen ist. Es ist offen, zu früherer Zeit nur erreichbar durch die Berge und die enge Kluse[5] bei St-Maurice. Doch die Menschen fanden den Weg ins Tal der Täler, um Handel zu treiben oder sich niederzulassen. Es kommt das Gefühl auf, dass in den alten Zeiten keine Mühe zu gross war, etwas Neues zu entdecken.

Das volkstümliche Erbe

Wegen dieses Verkehrs und der Karawanen früherer Zeiten ist es so schwer, die verschiedenen Bereiche des volkstümlichen Erbes und des Brauchtums abzugrenzen. Manche Arten des Verzierens, manche Weisen des Bauens, des Fugens oder des Schnitzens können so aussehen, als seien sie am Orte selber entstanden, während man oft ganz ähnliche Formen weit entfernt von der Gegend, in der sie uns bodenständig scheinen, wiederfindet. Wenn es auch in einer etwas abweichenden Form oder Gestaltung ist, so kann dies auch der Anpassung oder der Eigenwilligkeit zugeschrieben werden. All das, was man wahrscheinlich mit gutem Recht als «Volkskunst» bezeichnet, trägt allem Anschein nach die geheimnisvollen Spuren einer gemeinsamen Herkunft. Gemeint ist einer Herkunft, welche allen Menschen gemein ist und auf irgendwelche Ureltern der ganzen Menschheit zurückgeht. So geht man heute von der These aus, dass sich die Urbevölkerung von Afrika aus in den Nahen Osten ausbreitete. Von dort aus trennten sich unsere Ahnen, wobei ein Teil nach Asien zog und der andere in Richtung Europa wanderte, vor 30 000 Jahren. Da sind zum Beispiel die Masken des Lötschentals – eines der unzugänglichsten Seitentäler des Wallis – aus Holz geschnitzt und mit angeklebten Haaren geschmückt, die eine so auffallende Ähnlichkeit mit entsprechenden Gegenständen aus Polynesien oder Afrika haben. Auf welchen Wegen ist ihr Vorbild, wenn sie überhaupt eines hatten, in diesen Winkel der Alpen gelangt? Oder ist es vielmehr so, dass die gleichen Masken, die hier wie dort bodenständig sind, den gemeinsamen Ursprung aller Menschen, gleich welcher Hautfarbe, bekunden? Dieser Frage gehen die Forscher noch heute nach. Es konnten aber noch keine schlüssigen Erkenntnisse gefunden werden. Vielmehr basieren die verschiedenen Theorien auf Knochenfunden. So nimmt man an, dass der Vorfahr des Menschengeschlechts vor 500 000 Jahren enstanden ist. Etwa vor 150 000 Jahren gab es eine bereits wesentlich höher entwickelt Menschenform, den sogenannten Neandertaler.[6]

Der Verkehr der Gedanken

Heute wandern die Gedanken und all die neuen Möglichkeiten, die in ihnen enthalten sind, viel rascher. Heute verkehrt man nicht nur zu Wasser und zu Land, sondern auch durch die Luft. Heute kommen die Neuigkeiten der Welt nicht mehr mit den Karawanen, den langen Reihen beladener Saumtiere. Sie kommen von überall her mit der Schnelligkeit des Augenblickes. Ungeachtet aller Entfernungen erreichen sie uns gleich, nachdem sie in Australien oder irgendwo in unserer Nachbarschaft ausgesandt wurden. Die Meldungen haben die Beweglichkeit des Lichtes. Was stören sie dieses Gebirge von viertausend Metern Höhe, was kümmern sie all diese steinernen Türme, diese mächtigen gezahnten Kämme, die das Tal umhegen? Die luftigen Wellen sind allmächtig, und der ganze Raum ist ihnen verbündet. So unterhalten wir uns heute über Satelliten, die unsere Mutter Erde umkreisen, haben direkten Kontakt zu allen Teilen dieser Welt, kommunizieren über Internet mit Leuten auf einem anderen Kontinent, erfahren Neuigkeiten und lernen andere Kulturen kennen. Die Welt und die Bevölkerung sind offener geworden.

Die primitiven[7] Länder sind dem plötzlichen Übergang von einem Extrem zum anderen ausgesetzt, ohne dass sie sich in einer jener Zwischenlagen, in der sich andere fortgeschrittene Völker lange halten, ausruhen können. Entwicklung steht im Gegensatz zu Revolution. Der marokkanische Hirte geht vom Kamel zum Flugzeug über, ohne wie wir die Postkutsche, die Eisenbahn und das Auto gekannt zu haben. Er wundert sich im ersten Augenblick über das Flugzeug, nimmt es aber viel leichter an als wir, die an andere Verkehrsmittel gewöhnt sind. Mit dem Verkehr der Gedanken ist auch der Wohlstand breiter geworden. Die Güter werden nicht mehr auf engem Raum verkauft, eine Globalisierung ist eingetreten – und dies mit einer Geschwindigkeit, die einem Angst machen kann; denn wer sich nicht mit den Neuheiten vertraut macht, ist bald einmal verloren. Eine stete Weiterentwicklung war immer das Bestreben der Menschheit, doch sie ist in den letzten Jahrzehnten immer wichtiger geworden. Brauchten früher die Entwicklungsstufen Jahrhunderte, so sind es heute nur noch Jahrzehnte, und morgen werden es nur noch Jahre sein.

Es war hart, das Leben im Wallis

Doch kommen wir wieder zurück in unser heimatliches Wallis zu unserer Geschichte. Das Leben war hart, und unsere Ahnen wussten es nicht einmal recht, bevor sie nicht einen Vergleich mit anderen ziehen konnten. Die Alten hatten keine Ahnung, was ausser Landes vor sich ging und wie man an anderen Orten lebte. Das Geld war rar, man war Selbstversorger. Wollte man für seine alten Tage vorsorgen, mussten mehr Erzeugnisse, als man selbst benötigte, eingebracht werden, was einen Mehraufwand im schon harten Leben erforderte, ansonsten blieb nur noch der Verkauf eines Gutes. Die von aussen so malerischen Häuser bieten im Innern nur niedrige, luftarme Zimmer. Um im Winter Brennholz zu sparen, wurden die Fenster zugenagelt. Die Kinder waren oft zahlreich, und man legte sie in den engen Kammern gleich zu dritt im gleichen Bett schlafen. Die Arbeit aber war um so beschwerlicher, weil die Lage des Bodens die Bewegungen hinderte und die Steilhänge eine ständige Anpassung des Körpers er forderten, nur schon um das Gleichgewicht zu halten. Dabei mussten wegen der Zerrissenheit des Geländes alle Lasten oft noch auf dem Rücken getragen werden. Dann kam noch hinzu, dass man hier oben immer unterwegs war, dass man die ganze Zeit hinauf- und hinabsteigen musste. Oft verbrachte man den halben Tag damit, nur vom Rebberg zum Feld und zurück zu gehen, so dass ein guter Teil des Tages nichts einbrachte als lauter Mühe, die noch zur eigentlichen Arbeit hinzukam. Der Boden war seit jeher durch die Erbteilung zerstückelt. Dabei wurde er nicht Gebiet um Gebiet oder Stufe um Stufe unter die Erben verteilt, sondern auf jeder Stufe in lauter Stücke, die mit den Erbfolgen endlos wieder aufgeteilt wurden. Deshalb besassen sie vier oder fünf Geviert[8] Reben, und man brauchte eine Viertelstunde, um von dem einen zum andern zu gehen; das gleiche war es mit ihren Wiesen. Man erbte ein halbes Maultier, und bei der Verteilung der Alprechte sieben oder acht Kuhfüsse. Das Wasserrecht war schon immer auf die Benutzer verteilt. Die zugeteilten Wasserstunden waren in einem Register eingetragen, und es gab einen Aufseher dieser Register, einen öffentlichen Würdenträger, der von der Gemeinde ernannt wurde. So kam es vor, dass die Zeit von ein bis zwei Uhr nachts zum Wässern zugeteilt war. Und vieles ist heute noch so. Die kleinen Äcker und Wiesen, die zugeteilten Parzellen, die vererbten Gärten werden in der Erbschaft immer noch unter den Kindern aufgeteilt. Und es gibt viele Hausbesitzer, die einen Achtel oder einen Zweiunddreissigstel einer Scheune oder eines Maiensäss mit Stolz ihr Eigen nennen.

Und zur grossen Überraschung beklagte sich keiner. Man nahm das Leben so hin, man arbeitete, um zu leben, und lebte, um zu arbeiten. Die Frau kümmerte sich um die Erziehung der zahlreichen Kinder, um das Haus und hatte den Garten unter ihrer Obhut. Sie musste beim Melken und beim Einbringen der Ernte mithelfen. Auch sie schuftete[9] von morgens bis abends. Die Kinder waren die Lebensversicherung und gleichzeitig die Altersvorsorge. Auch sie mussten die Arbeiten tatkräftig unterstützen – und niemand beklagte sich. Es war einfach so, das harte Leben. Man kannte nichts anderes.

Dem Herrgott treu ergeben

Als Ausgleich zur harten Arbeit und zu allen Entbehrungen galt der Sonntag, an dem sich alle in die schönen Kostüme kleideten und gemeinsam zur Kirche gingen. Das Sonntagskleid, wie es heute nicht mehr bekannt ist, kennt man aus dieser Zeit. Die Frauen trugen ihre Sonntagstrachten, und die Männer kleideten sich meistens in Schwarz mit der guten Hose und dem vornehmen Veston[10]. In diesem alten Land hatten noch alle die gleiche Religion. Wenn die Kirchenglocke zum Gebet rief, hielt es niemanden mehr zu Hause oder auf dem Feld. Der Kirchgang gehörte zum Sonntag wie der Punkt auf das i. Vor dem Herrgott senkten die Leute ehrfürchtig ihr Haupt, sei es während der hl. Messe oder vor einem Kreuz am Wegrand. Der Heiland[11] gehörte in jede Stube, und vor den Mahlzeiten wurde dem Herrn für Speis und Trank gedankt. Seit jeher waren und sind die

Prozessionen immer noch nicht nur ein kirchlicher Anlass, sondern auch ein grosses Fest. Es gibt den Fronleichnamstag[12], der noch heute allerorts im Wallis gefeiert wird. Eine Ehrengarde des Militärs begleitet den Leib Christi durch das Dorf. An bestimmten Orten sind Altäre aufgebaut. Bei jedem macht man halt und besinnt sich im Gebet vor dem Allmächtigen. Vielerorts trägt die Ehrengarde alte Uniformen aus den Zeiten der Reisläufer, und jeder, der diese Uniform trägt, tut dies mit Stolz und Ehrfurcht. Am Festzug nimmt die ganze Gemeinde teil und wird von der Dorfmusik mit andächtiger Musik begleitet. Die Reihenfolge ist seit jeher festgelegt, Männer und Frauen laufen getrennt. Zuerst kommen die Mädchen, dann die jungen Frauen, gefolgt von den Müttern und den Grossmüttern. Die Männer sind in gleiche Gruppen aufgeteilt wie die Frauen. Und mitten drin in diesem grossen und andächtigen Festzug, der vom Gebet begleitet ist, naht der Baldachin[13] mit dem Priester, der unseren Herrn sicher in beiden Händen hält.

Einsam und streitlustig war er

Der Walliser war schon immer ein naturverbundener Mensch, der sich seinem Land anpasste und sich der harten Arbeit zu beugen hatte. Sein Leben musste er unter erschwerten Bedingungen führen und mühsam sein Dasein verdienen. Wohlstand war ihm nicht bekannt, er war mit dem zufrieden, was sein Land ihm hergab. Er arbeitete alleine auf seinen Feldern, in den Reben oder auf der Alpe und sah nur selten einen Nachbarn. Fremden gegenüber war er misstrauisch, und alles Neue schaute er mit Argwohn an. Er redete mit seinen Tieren, den Kühen, Geissen und Schafen. Er betete zum Herrgott und bat ihn um Hilfe und Erbarmen. Wenn er abends nach getaner Arbeit müde nach Hause kam, wartete nur gerade seine Frau mit einer kräftigen Mahlzeit auf ihn; die Kinder schliefen bereits. Frühmorgens musste er wieder an die Arbeit, noch bevor seine Kinder aus dem Schlaf erwachten, denn die Kühe mussten gemolken werden. Es war wahrlich kein Familienleben, denn dies ging 6 Tage die Woche im gleichen Stil. Nur gerade den Sonntag nahm er sich frei, denn der Allmächtige hatte ihn zum Ruhetag gewählt. Wenn er sich dann im Wirtshaus zu einem Trunk einfand und anfing zu politisieren, dann begannen die Köpfe zu rauchen und der von der Natur geprägte Charakter kam zum Vorschein. Schon immer waren die politischen Parteien eine Angelegenheit der Familien. Ein Christdemokrat von Hause aus war ein Christdemokrat und blieb Christdemokrat. Seine Probleme löste der Bergler immer selbst, und so war es ganz normal, dass es oft zum Streit kam, der nicht selten handgreiflich wurde. War aber ein Problem mit dem Nachbardorf angesagt, vergass er Gott und die Welt und meistens auch seine parteiliche Gesinnung. Die Rivalitäten zwischen den Dörfern war schon immer vorhanden, und ein Grund zum Streiten wurde ohne weiteres gefunden, sei es wegen der Alprechte, der Wasserrechte oder anderer Anliegen. Und war kein Grund vorhanden, ging das Handgemenge trotzdem los, und sei es nur, weil der Gegner aus dem Nachbardorf kam. So schlugen sie sich die Köpfe ein und regelten ihre Probleme auf diese Art. Dann, nach einem handgreiflichen Meinungsaustausch, setzten sie sich zusammen und tranken einen Becher Wein oder auch mehr. Sie brauchten keinen Rechtsverdreher, um ihre Probleme zu lösen. Richter hatten es schwer mit den Wallisern, denn diese regelten ihre Anliegen ohne Polizei und Justiz. Aber nicht nur die Menschen, auch die Kühe sind in diesem so eingenwilligen Tal streitlustig. Bekannt sind die Ringkuhkämpfe bis weit über die Landesgrenzen. Man lässt die Kühe auf der Alpe in eine Arena treten, und sie gehen aufeinander los, denn auch sie sind Walliser. Die Kuh, welche den Sieg davonträgt, wird dann auch noch Königin genannt. So haben die freiheitsliebenden Bergler, die sich weder Fürsten noch Regenten[14] unterwarfen, doch noch ihre Königin gefunden.

Die Suonen

Durch das Klima und vor allem wegen der Bergumrahmung fällt im Wallis nur wenig Regen. Dies hat vor allem für die Landwirtschaft und den Rebbau sowohl Vor- wie auch Nachteile. Die Vorteile liegen in der Fruchbarkeit des Bodens und der langen und intensiven Sonneneinstrahlung. Bis in grosse Höhen sind verschiedene Anbaugebiete zu finden, die in den Alpen einzigartig sind. Durch die Regenarmut war aber schon von jeher ein Wassermangel in der Landwirtschaft zu beklagen. Dadurch musste das Wasser in den Bergen gefasst und ins Tal geleitet werden.

Typisch für das Wallis sind die künstlich angelegten Wasserfuhren, seit altersher Suonen genannt. Früher wurden sie nach Möglichkeit als offene Gräben angelegt, die mit geringem Gefälle vom Fassungsgebiet hangabwärts führten. Neben dem Wasserlauf wurde ein schmaler Weg angelegt, um den Unterhalt der Suonen zu erleichtern. In felsigem Gelände oder zur Überbrückung von Taleinschnitten wurden Kännel aus Holz genutzt. Da die Abhänge vielerorts zu steil waren oder gar senkrecht zu Tale fielen, mussten grosse Umwege in Kauf genommen werden. Durch diese Ausdehnung konnten aber auch mehr Anlieger bedient werden. Mittels Holzschieber wurde das Wasser gestaut, und durch den Überlauf konnten die Wiesen und Äcker bewässert werden. Die Anlage dieser Bewässerungssysteme geht teilweise bis ins Mittelalter zurück und war Gemeinschaftsarbeit der Geteilschaften[15] nutzungsberechtigter Dorfbewohner. Alten Chroniken zufolge wurde das Schmelzwasser des Aletschgletschers schon im 14. Jh. für die Bewässerung im Gebiet um Ried und Mörel genutzt.

Die mitgeschwemmte Gletschertrübe macht das Gletscherwasser doppelt nützlich, denn sie reichert den Boden mit Mineralstoffen wie Magnesium und Kalisalzen[16] an. Diese Mineralstoffe sind silberweiss und geben dem Gletscherwasser diese trübe Perlfarbe. Mindestens ein Drittel der gesamten landwirtschaftlichen Nutzfläche des Wallis wurde früher mit Gletscherwasser bewässert. Viele der alten Wasserfuhren werden heute nicht mehr genutzt. Sie wurden durch moderne Bewässerungsanlagen ersetzt und sind unterirdisch geführt. So erspart man sich die mühsame und gefährliche Fronarbeit,[17] die jedes Jahr zur Instandstellung der Suonen geleistet werden musste. Es gibt aber noch immer Geteilschaften, die ihre Bisses (wie die Wasserfuhren auf französisch genannt werden) jährlich pflegen und ausbessern. Viele schöne Wanderwege führen zu diesen alten Spuren der Vergangenheit. Die Gesamtzahl der alten Wasserfuhren kann heute nur noch geschätzt werden. Es sind rund 300 auf einer Gesamtlänge von über 2000 km, welche etwa 1200 Quadratkilometer Land bewässerten. Einzelne Suonen hatten eine Länge von über 30 km. Wenn man die Verteilerkanäle, die von den Hauptleitungen abzweigen, hinzurechnet, so würde sich die Gesamtlänge mehr als verzehnfachen.

Das Walliserhaus

Das alte Walliserhaus ist sehr einfach, meist aus Lärchenholz gebaut. Um es im Winter einfacher heizen zu können, hat es niedere

Zimmer und kleine Fenster. Der Unterbau, das Fundament und der Keller sind aus Stein. Die Wohnung besteht aus einer Küche, einer Stube (Wohnzimmer) und zwei bis 3 Kammern (Schlafzimmer), je nach grösse der Familie. Der Estrich (Unterdach) diente oft zum Trocknen des Fleisches, wurde aber auch als Kammer genutzt. Das Dach bestand aus Holzschindeln oder Schieferplatten. Die Holztreppe wurde ausserhalb am Haus angebracht.

Eine Merkwürdigkeit ist der Stadel, der als Erntespeicher genutzt wird. Je nach Grösse steht er auf vier oder sechs Holzpfahlen, so dass man unter dem Gebäude noch Platz zur Ablage von Material hat. Die Eigenart dieser Konstruktion besteht darin, dass zwischen den Pfählen und dem Gebäude grosse Schieferplatten eingelegt werden. Diese Bauweise verhindert den Mäusen und anderen Kleintieren den Zugang zum Speicher.

Die Walser

Man hört noch heute von den Walsern, den Walsersiedlungen und Gebieten, die nach den Walsern benannt sind. Wer sind diese Leute und woher kommen sie?

Die Wanderungen der Walser liegen bis zu einem Jahrtausend und mehr zurück, doch der Name wird immer noch geführt und begleitet uns im täglichen Leben. Die Walser sind stolz auf ihre Herkunft und erhalten nicht nur ihren Ursprung, sondern auch verschiedene Traditionen aufrecht. Ursprünglich waren die Walser aber gar keine Walliser, sondern Alemannen, die aus dem Berner Oberland ins Oberwallis einwanderten und sich zuerst im Goms niederliessen. Aus noch unerklärten Gründen zogen einige von ihnen Jahrhunderte später weiter, zuerst nach Süden und dann nach Osten und Westen.

Siedlungen wie Bosco Gurin im Tessin, Triesenberg im Fürstentum Lichtenstein, das Valser Tal in Graubünden (auch bekannt durch das Mineralwasser) und das Grosse und das Kleine Walsertal in Vorarlberg und Oberbayern sind nur einige Beispiele der Walserbewegungen. Ungewohnt ist, dass diese Siedlungen nicht vom Tal her erreicht wurden. Die Einwanderungen erfolgten gleichsam von oben über die noch heute begangenen Pässe. Die Walser waren nicht im Kontakt mit der im Tal lebenden Bevölkerung. So kommt es, dass zum Beispiel in Graubünden die höheren Lagen deutschsprachig wurden, während im Tal unten die eingesessenen Rätier ihrer römischromanischen Sprache und Kultur treu blieben. Durch diese Isolation gegenüber der Talbevölkerung konnten die Walser ihr Kulturgut bewahren, waren aber auch besonders stark auf die Selbstversorgung angewiesen. Zu diesem Zweck mussten die Hochwälder abgeholzt werden, um Kulturland zu gewinnen. Die Walser blieben ihrer Höhenlage immer treu. So werden sie heute noch als das höchste Volk Europas bezeichnet.

Die Walser unterschieden sich von den anderen Kolonisatoren.[18] Sie waren nicht erpicht, Länder und Gebiete zu erobern und sich die Einheimischen untertan zu machen, sondern sie liessen sich im unbewohnten Raum nieder, den sie zu nutzen wussten. Vielmals wurden sie auch von Landesherren eingeladen, entlegenere Teile ihres Herrschaftsgebietes urbar zu machen. Zur Belohnung wurden sie mit grossen Freiheiten ausgestattet wie zum Beispiel dem Erlass der Steuer. Auch die Ablehung fremder Richter war den Walsern immer ein Anliegen, was dann auch von den Urkantonen übernommen wurde. Das freiheitsliebende und naturverbundene Volk blieb sich seiner stets treu und war somit Vorbild für die folgende Eidgenossenschaft.

Die Pflanzenwelt

Im Zusammenhang mit dem Klima und der südlichen Lage gedeiht im Wallis eine Pflanzenwelt, wie sie in den Alpen einzigartig ist. Die Waldgrenze ist höher als anderswo, und der alpine Rasen wächst noch in Regionen, wo sonst nur noch Gestein zu finden ist. Die natürliche Vegetation ist aber nicht nur von den Boden- und Klimaverhältnissen der Neuzeit bestimmt. Sie wurde auch durch die Geschichte des Klimas beeinflusst. Während der Eiszeiten wurde die frühere Vegetation aus dem Alpenraum verdrängt. Ein Teil der ursprünglichen Pflanzen konnte in den Gebieten überleben, wo die Gletscher nicht hinreichten. Solche Orte finden wir im südlichen Alpenraum des Wallis wieder, wo sich die höchsten Berge der Alpen mit vielen Viertausendern befinden. Diese weinigen Pflanzenarten gehören zu den ältesten der heutigen Flora.[19] Man kann also sagen, dass das südliche Alpenvorland das einzige Gebiet ist, in welchem die alten Pflanzen überleben konnten. Enorm wichtig für das Überleben waren die Warmzeiten zwischen den vier grossen Eiszeiten. Diese dauerten ausreichend lang, um der Vegetation ein erneutes Vordringen zu ermöglichen. Zudem kamen fremde Arten aus den zentralasiatischen Gebirgen, die in den Gebirgstälern ihre heimischen Bedingungen fanden. Das warme und trockene Klima des Wallis bot ihnen den geforderten Lebensraum.

Ensprechend der gestuften Klimalagen hat auch die Vegetation eine typische Abfolge. Im unteren Bereich des Rhonetals sind die Waldkiefer, auch Föhren genannt, heimisch. Den grössten Föhrenwald Europas finden wir im Pfynwald zwischen Siders und Susten. Dieser Baumbestand wird nach einer Übergangszone zwischen 900 m und 1300 m vom Fichtenwald abgelöst und reicht bis auf eine Höhe von 1900 m. Hier mischen sich die Lärchen hinzu. Oberhalb von

2100 m finden wir dann fast nur noch Lärchen, bis wir bei der Waldgrenze auf einer Höhenlage von 2250 m bis 2400 m ankommen. Oberhalb der Schneegrenze von 2900 m bis 3000 m findet sich nur noch an besonders begünstigten Standorten eine spärliche Vegetation, die sich im Schutz von Geröll und Eis entwickeln kann. Im allgemeinen steigen die Vegetationsgrenzen von Norden nach Süden an. Unterschiede ergeben sich durch die Exposition zur Sonne und vor allem durch die Beschaffenheit des Untergrundes. Die Bodenbeschaffung ist von Kalkgestein, Gneis und Granit geprägt.

Die Tierwelt

Für einmal nichts Eigenartiges, Spezielles oder Abweichendes hat die Tierwelt im Wallis zu berichten. Sie unterscheidet sich nicht von der Tierwelt der benachbarten Alpenregionen. So beherbergt der Alpenkanton vor allem Rot- und Steinwild. Zu ihnen gesellen sich Füchse, Murmeltiere, Schnee- und Auerhüner. Vor allem im Westen des Kantons ist auch das Wildschwein anzutreffen. Der Steinbock lebt oberhalb der Baumgrenze und steigt in Höhen bis zu 3500 m. Zum Steinwild gehört auch die Gemse, die sehr oft anzutreffen ist. Als Rotwild kennen wir vor allem den Hirsch und das Reh. Diese Tiere sind vor allem im Sommer und im Herbst zum Ärger der Jäger in grossen Höhen anzutreffen. Der Grund ist nicht unbedingt in einem neuen Rekord des Wallis zu suchen, sondern vielmehr darin, dass hier die Berge höher sind als anderwo und die Pflanzen klimabedingt auch höher gedeihen.

In letzter Zeit hat das Wallis mit dem Wolf von sich reden gemacht. Vor allem die Schäfer beklagen sich über den neuen Gast, der über die südlichen Alpen in unseren Kanton eingewandert ist.

Nun zerbrechen sich sogar die Politiker die Köpfe, was sie zum Gemeinwohl der Bergbewohner mit diesem Räuber auf vier Pfoten machen wollen. Die Hirten und Jäger wollen ihm an den Pelz, und die Naturliebhaber möchten die natürliche Einsiedlung gewähren. Das gleiche Schicksal erlebt auch der Luchs. Sogar ein ausgesetzter Bartgeier, der hier heimisch gemacht werden sollte, erlag einem Jäger.

11. Kulinarische Streifzüge

Essen und Trinken hält Leib und Seele zusammen

Für die kulturelle und gesellschaftliche Entwicklung spielten Speise und Trank seit jeher eine grundlegende Rolle. Das kommt noch heute in vielen Redensarten, Stichwörtern und Bräuchen zum Ausdruck: «Die Liebe geht durch den Magen»; «Wie einer isst, so schafft er»; «Essen und Trinken ist das Beste gegen Seelenschmerz» usw. Das volkstümliche Denken geht auch noch heute teilweise davon aus, dass die Nahrung den ganzen Menschen beeinflusst, dass der Mensch ist, was er isst.

Eine weitaus grössere Bedeutung als heute hatte in früheren Zeiten das gemeinschaftliche Essen. Es war nicht nur die schnelle Nahrungsaufnahme, die zählte, nein, es war die Zeit, wo die ganze Familie zusammensass. Vor dem Mahl wurde dem Herrgott für Speis und Trank gedankt. Man dachte an die Erde, welche die Lebensgrundlage gedeihen liess. Diese Gemeinschaft zeigte sich auch, indem alle aus der gleichen Schüssel löffelten. Jeder hatte seinen Bereich im Topf, was zu rücksichtsvollem und gleichmässigem Essen zwang.

Walliser Spezialitäten

Wie jeder Kanton in der Schweiz, aber auch jedes Land auf dieser Erde, hat auch das Wallis seine Spezialitäten. Der französische

Einfluss ist in der Westschweiz unverkennbar, doch gibt es darüber hinaus zahlreiche lokale Spezialitäten. Es wäre deshalb ungerecht und falsch, wollte man in der Schweizer Küche lediglich eine Variante der französischen sehen.

Aber was sind eigentlich sogenannte Spezialitäten? Als solche bezeichnet man Eigenheiten der lokalen Küche. Es sind alte Gerichte und Gaumenfreuden, die nichts anderes als eine nahrhafte Speise aus der Eigenproduktion sind. Zu früheren Zeiten konnte man nicht ins Geschäft gehen und all die Produkte aus nah und fern einkaufen, wie das heute der Fall ist. Die Lagerung in der Tiefkühltruhe kannte man nicht; Vakuumverpackungen waren unbekannt. So passte sich der Mensch der Natur und den Gegebenheiten an und lebte mit dem, was ihm sein Garten und seine Tiere anboten.

Die weltweit wohl bekannteste Spezialität kommt aus Italien und ist eine einfache Backscheibe, die Pizza. Ursprünglich war die Pizza die Nahrung der einfachen Leute. Mehl war billig zu haben oder wurde selber hergestellt, Tomaten hatte man im eigenen Garten wie auch verschiedene Gewürze wie z.B. Basilikum, Käse (Mozzarella) wurde selber produziert. Aus diesen Komponenten stellt man noch heute die Pizza Margherita[1] her. Diese bildet die Grundlage für die so zahlreichen Variationen, die wir heute finden.

Weit verbreitet sind in der Schweiz Kartoffelgerichte in vielfältigsten Ausführungen. Die bekannteste ist wohl die Rösti. Im Wallis werden gar fetter Käse und fein geschnittene Zwiebeln zu den Kartoffeln gegeben.

Eine Köstlichkeit aus dem Wallis ist das oder die (so in der Schweiz) Raclette.[2] Manche Geschichten ranken sich um die «Erfindung» dieser Käsespeise. Ursprünglich war es ein typisches Gericht der Hirten, die den Käse am offenen Lagerfeuer zum Schmelzen brachten. Erst als im Jahre 1909 auf der Industriemesse in Sitten die

Berichterstatter der Presse damit verköstigt wurden, wurde dieses Käsegericht rasch über die Grenzen des Kantons hinaus bekannt. Wenn auch die Zutaten nicht allzuviel Variationen zulassen, so ist die Art der Zubereitung doch eine besondere Angelegenheit. Im Wallis liebt man es urtümlich und bereitet das Raclette gerne am offenen Feuer zu. Wenn es zünftig sein soll, muss hierzu Lärchenholz verwendet werden. Der Käse wird auf einer Steinplatte nahe an das Feuer geschoben, bis er schmilzt. Zusammen mit Kartoffeln schmeckt der vom Laib abgeschabte Käse besonders gut. Der zum Raclette verwendete Käse wurde ursprünglich nur auf den Almen des Wallis hergestellt. Einen besonderen Ruf geniesst der Käse von Bagnes. Heute allerdings wird Raclettekäse auch in anderen Kantonen der Schweiz produziert. Raclette bedeutet zweierlei. Zum einen eine aus dem Wallis stammende Zubereitung für Käse, zum andern eine Gruppe von Käsen, die dafür geeignet sind. Er darf weder zäh noch fett sein, weder zu alt noch zu jung.

Auch für die Herstellung von Gratins wird gerne Käse verwendet. Wird in der Schweiz diese im Ofen überbackene Spezialität mit feiner Kruste vorwiegend mit Griess, Greyezer Käse und Maismehl oder auch mit Kartoffeln oder Nudeln hergestellt, so bildet das Wallis eine Ausnahme. Luftiger und leichter als ein Gratin ist das Käsesoufflé (soufflé au fromage).

Das Unterwallis ist als Spargelanbaugebiet bekannt. So ist es nicht verwunderlich, dass auch mit Spargeln einige Besonderheiten der Zubereitung aus diesem Kantonsteil stammen wie etwa der pikante und warm zu essende Spargelkuchen (tarte aux asperges) und der Spargelgratin.

Als lokale Spezialität sei hier eine Gaumenfreude aus dem Gommertal beschrieben, die Chollera. Es handelt sich um einen geschlossenen Kuchen, welcher mit Kartoffeln, Früchten und/oder Gemüse und Käse im Ofen goldbraun gebacken wird. Dieses Rezept ist von Ort zu Ort verschieden. Werden in Münster Äpfel verwendet, so wird in Ulrichen Lauch an deren Stelle gesetzt. Kommen in Oberwald Birnen in die Chollera, so ist es in Gluringen wieder etwas anderes. Diese Spezialität wurde erst in den letzten Jahren wieder entdeckt. Vor allem mit den Fasnachtsspezialitäten kommen diese genüsslichen Gerichte wieder auf die Speisekarte. Einen ähnlichen geschlossenen Kuchen finden wir in Grossbritannien, den «steak and kidney pie». Dieser wird mit Schafsnierchen und Rindfleisch hergestellt. Dazu gibt man Zwiebeln und Champignons.

Um gleich verschiedene Köstlichkeiten aus dem Wallis auf einen Schlag zu geniessen, bestellt man am besten einen Walliser Teller. Dieser ist reich bestückt mit einer Auswahl an Gaumenfreuden. So finden wir Trockenfleisch, Speck und Hamme (getrocknetes vom Rind und vom Schwein), Hauswurst, Alp- und Hobelkäse. Dazu gehört das einzigartige Walliser Roggenbrot. Aber auch ein Brisolée während des Weinmonats[3] darf nicht fehlen. Zu einem kalten Teller werden frische Trauben und Kastanien aus der Eigenproduktion gereicht.

Wallis – das Land des Weines

Seit uralten Zeiten ist der Wein ein treuer Begleiter der Menschen. In der griechischen wie in der römischen Geschichte lesen wir über das edle Nass, welches seit jeher gehegt und gepflegt wurde. Wie die Rebe in unseren Kanton kam, ist noch heute stark umstritten. So behaupten die einen, dass die Römer den Wein in unser Land gebracht haben, während die anderen der Meinung sind, dass der Rebstock schon vorher eingepflanzt wurde und die Römer nur die Vorläufer und Begründer des Aufschwunges im Walliser Weinberg

waren. Dass die alten Walliser Rebsorten römischen Ursprungs sind, hat Paul Äbischer in einer fesselnden Abhandlung gezeigt. Der Amigne soll demzufolge die «vitis aminea» sein, deren Lob der römische Lyriker Horaz besang und die zur Zeit Catos die verbreitetste Rebe Italiens war. Der Name des Arvine sei vom lateinischen «helvus» abzuleiten, das dem deutschen «gelb» entspricht.

Wallis – das Rebland

Vielfältig und abwechslungsreich ist das Angebot der angebauten Rebsorten. Die Hauptproduktion von über 50% machen aber nur vier Traubenarten aus. Es handelt sich um den Chasselas[4], den Rhin[5], den Gamay und den Pinot Noir. Daneben werden über ein Dutzend zum Teil sehr seltene Traubenarten kultiviert. Diese Spezialitäten fallen mengenmässig kaum ins Gewicht, prägen aber das Bild der Walliser Weinkultur, denn es sind sehr oft Spitzenweine, welche mit höchsten Auszeichnungen geehrt werden. Zu diesen seltenen Weinen gehören: Arvine, Amigne, Ermitage, Cabernet, Malvoisie, Humagne, Johannisberg, Muscat, Heida[6], Resi, Weissburgunder und Chardonnay, dazu gesellen sich Lafnetscha, Merlot, Syrah, Diolinoir, Cornalin und andere mehr.

Wallis – das Weinland

Walliser Weine sind ausserhalb des Landes kaum zu haben. Dies liegt allerdings nicht daran, dass sie den gehobenen Ansprüchen nicht genügen würden. Ganz im Gegenteil, die Weine sind so gut, dass sie die Walliser lieber selber trinken. Und da die Nachfrage das

Angebot übersteigt, bleibt für den Export praktisch nichts übrig. Gewiefte Ausserschweizer[7] holen sich ihren guten Tropfen persönlich in einer der vielen Kellereien ab. So haben sie die Möglichkeit, einer oder mehreren Degustationen beizuwohnen und die Geselligkeit der Walliser bei Speis und Trank zu geniessen.

Ca. 19 000 Rebbergeigentümer zählen wir im Kanton Wallis. Es handelt sich mehrheitlich um Selbstversorger und Hobbywinzer, die neben ihrer geregelten Arbeit den Weinbau als Nebenbeschäftigung betreiben. Viele dieser Hobbybauern sind in Kooperativen[8] zusammengeschlossen und liefern ihre Trauben an grosse Weinhandlungen.

Mit einer Fläche von 5258 ha[9] (Rebfläche 1997) ist das Wallis der grösste Weinkanton der Schweiz. 1996 wurden in der Schweiz 614 922 hl[10] Rotwein und 688 695 hl Weisswein hergestellt, was eine Gesamtmenge von 1 303 617 hl ausmacht. Der Ertrag aus dem Wallis beträgt für die Gesamtmenge 39,5 %, davon fallen 46,8 % auf den Rotwein und 32,9 % auf den Weisswein.

12. Wallis – meine Heimat

Das Wallis ist eine Welt für sich. Durch seine Einkesselung der Berge hat die Natur ein Volk geschaffen, das in allen Belangen etwas anders ist. Der Stolz der Einheimischen auf ihren Kanton war schon seit jeher stark zu spüren. Hierzulande ist man zuerst Walliser, dann Schweizer und dann...? Die Verbundenheit zum eigenen Land ist grösser als anderswo. Viele haben neben ihrer täglichen Arbeit noch ein Stück Land zu bearbeiten, sei dies für die Selbstversorgung oder auch, um einen Batzen[1] zusätzlich zu verdienen. Was früher so war, findet noch heute seine Gültigkeit. So zählen wir im Wallis eine Unmenge von Hobbywinzern, Freizeitbauern und Feierabendgärtnern. Etliche erzeugen ihre Produkte selber und trocknen das Fleisch in ihren Estrichen, wursten nach alten geheimen Familienrezepten, brennen ihren Schnaps und keltern den Wein. Die Früchte werden eingemacht, und der Käse stammt noch aus der Eigenproduktion. In den Kellern finden wir Vorräte, die nicht nur zum Überwintern ausreichen. All das haben wir von unseren Vätern übernommen, die es von ihren Vätern so gelernt haben. Dem Klima und den Regionen angepasst, gibt es die verschiedensten Spezialitäten, doch nur die wenigsten verlassen den Kanton. So wird gemunkelt, dass der Walliser seine Erzeugnisse lieber selber konsumiert, als sie ausser Landes zu geben. Es ist eben alles anders in diesem abgeschlossenen Tal.

In diesem Bergtal von einzigartiger Grösse hat sich ein eigenes Volkstum erhalten können. Trotz des Einflusses von Industrie und Tourismus, der im letzten Jahrhundert stark angewachsen ist, ist ein eigener Menschenschlag erhalten geblieben. Viele Hotels wurden errichtet, ganze Feriendörfer wurden gebaut, die gewaltigen und zahlreichen Wasserkraftwerke haben die Industrie in unseren Kanton gelockt; aber dennoch, das Wallis ist das Wallis geblieben. Die zahllosen Dörfer in den Bergen und den abgelegenen Seitentälern liessen sich von der modernen Zeit nicht beirren und sind als lebende Museen bis heute Schatzkammern des uralten Volkstums geblieben. Die Leute haben ihre alten Bräuche bewahrt, und die Sagen über Gletschermärchen und Herrengeschichten, schauerliche Legenden vom Boozen[2] und von den Heidenhäusern blühen im Wallis noch heute wie selten andernorts.

Seit Urzeiten waren die Walliser ein streitbares Volk. Man sagt, dass etliche von ihnen sogar von den Sarazenen[3] und Hunnen[4] abstammen sollen. Die Walliser haben sich auf Schlachtfeldern herumgeschlagen und sind für Päpste, Kaiser und Könige in den Krieg gezogen. Von diesem robusten Schlag ist bis heute viel hängengeblieben. Vom Faustrecht wurde noch bis vor kurzem regelmässig Gebrauch gemacht. Die Rechtsverdreher führten ein karges Dasein, da die Probleme selbst in die Hand genommen wurden. Als kulturhistorische Merkwürdigkeit ist nicht zu vergessen, dass diese geschlossene – und manchmal verschlossene – Welt zwei Rassen beheimatet, Deutsch- und Welschsprechende. Diese beiden lösen sich in der Herrschaft im Kanton regelmässig ab und treten nach aussen als eine Gemeinschaft auf, denn der Unterschied liegt nur in der Sprache. Und diese Sprache ist es, die von Zeit zu Zeit für Verständigungsprobleme sorgt, obwohl beide das Gleiche wollen. Denn sie sind vom gleichen Tal geprägt, mit den gleichen Sorgen und Nöten. Sie fühlen sich immer als ein Volk am Rande der Schweiz, aber sie gehören dazu.

Das Wallis der Rekorde

Dieses grossartige Tal hat nicht nur viele Eigenarten, sondern auch etliche Rekorde zu bieten, seien es schweizerische, europäische oder gar weltweite. Hier sind nur einige dieser herausragenden Superlative aufgeführt:

- Die älteste spielbare Orgel der Welt
- Der grösste und längste Alpengletscher
- Die höchste Staumauer
- Die meisten Viertausender der Alpen
- Der längste Eisenbahntunnel
- Der einzige Safrananbau
- Der grösste unterirdische See
- Die höchstgelegenen Reben
- Die höchste Standseilbahn
- Das grösste Labyrinth
- Die höchste Zahnradbahn
- Der grösste Staudamm als Erdwall
- Die höchstgelegenen Roggenfelder
- Die grösste Gletschergrotte
- Das höchste ganzjährlich bewohnte Dorf
- Die höchste Seilbahn
- Der höchste Alpenpass
- und viele mehr

Das Wallis hat das Privileg, für jeden etwas anbieten zu können. Merkwürdigkeiten und Sehenswertes gibt es zuhauf. Sommer und Winter findet der Besucher, sei es der Abenteurer oder der Erholungsbedürftige, alles Mögliche um sich vom Alltag zu erholen und abzulenken.

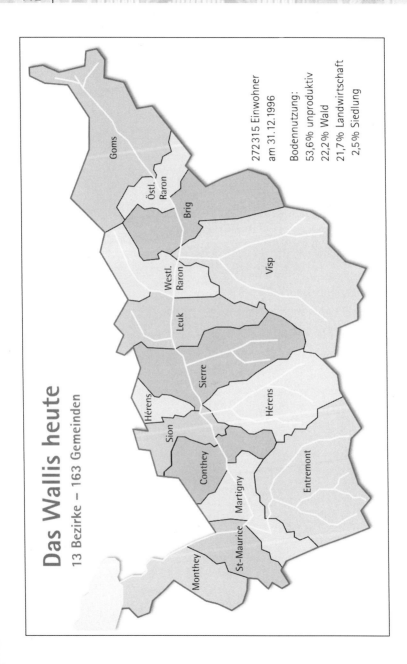

Das Wallis heute
13 Bezirke – 163 Gemeinden

272 315 Einwohner
am 31.12.1996

Bodennutzung:
53,6% unproduktiv
22,2% Wald
21,7% Landwirtschaft
2,5% Siedlung

Goms
Östl. Raron
Brig
Westl. Raron
Visp
Leuk
Sierre
Hérens
Hérens
Sion
Conthey
Entremont
Martigny
St-Maurice
Monthey

Die Gastfreundschaft der Walliser

Wie sein Tal ist auch der Walliser ein eher verschlossener Landsmann. Es ist nicht unbedingt seine Art, auf die Leute zuzugehen und sich zu offenbaren. Er wartet lieber, dass die anderen mit ihm Kontakt aufnehmen. Zu Fremden ist er eher wortkarg und bleibt auf Distanz. Bei einem Glas Wein geht die Kontaktaufnahme dann schon um einiges leichter. Im Wirtshaus wird politisiert, und Meinungsverschiedenheiten werden nicht selten zu lauten Diskussionen. Der Walliser kann sich in etwas hineinsteigern und sich voll und ganz für seine Sache einsetzen.

Es wäre eine falsche Annahme, wenn man den Walliser als scheu oder gar unfreundlich einstufen wollte. Seine Väter arbeiteten auf den Feldern und in den Bergen, sie waren den ganzen Tag alleine mit ihrer Arbeit und ihren Tieren. Es war ein wortarmes Leben, das sie führten. Die harten Charakterzüge und das von seiner Heimat geprägte schwere Leben haben noch heute seine Spuren hinterlassen. Die Öffnung zu Neuem erfolgt nur langsam.

Der Tourismus hat den neuen Walliser umgestaltet. Um von den Gästen leben zu können, musste er auf Gastfreundschaft setzen. Es war nun an ihm, den Leuten zu dienen, sie zu beherbergen und für ihr Wohl zu sorgen. Er war immer selbständig und auf sich selbst angewiesen, nun musste er sich um andere kümmern. Diese Umstellung war daher sehr schwer und ging nur langsam voran. So blieb die Gastfreundschaft eher oberflächlich.

Hat man nach langer Zeit einen Walliser als Freund gewonnen, erkennt man erst richtig, was das Wort Freundschaft bedeutet. Der Tisch ist reichlich gedeckt, die Einladung kommt von Herzen, bei Sorgen und Problemen wird geholfen; der Walliser gibt sein letztes Hemd, um einem Freund zu helfen.

Und zum Schluss noch eine Eigenart: Der Walliser hockt sich an den Stammtisch und bestellt eine Runde; oder er bestellt die Getränke für alle, die mit ihm am Tisch sitzen. Er verpönt die Art der Deutschschweizer, wo jeder nur für sich bestellt. Denn auch hier lebt man in inniger Zweisamkeit. Es ist nicht das Geld, das zählt, sondern die Freundschaft.

Wichtige Daten und Ereignisse

ca. 3000 v. Chr.	Früheste Kunde übers Wallis und seine Bewohner in der Steinzeit. Gräberfunde an etwa 10 Orten.
2500–800 v. Chr.	Starke Zunahme der Bevölkerung während der Bronzezeit. Gegen 50 Siedlungsstätte sind nachgewiesen.
6. Jh. v. Chr.	In der Eisenzeit richten sich 4 Völkerschaften ein: Tylinger, Dalitener, Clahilker und Lemaner. Sie werden als Alpenbewohner Gäsaten (Speerwerfer) genannt.
236–222 v. Chr.	Die Gäsaten unternehmen 3 Kriegszüge gegen die Römer, bis sie besiegt und verdrängt werden. Die Römer bleiben nur vorübergehend. Die Kelten richten sich ein. Die Völker heissen Uberer, Seduner, Veragrer und Nantuaten.
57 v. Chr.	Der römische Feldherr Galba versucht in Cäsars Auftrag das Wallis zu erobern, scheitert aber am Widerstand der Kelten.
15–10 v. Chr.	Augustus siegt über das Wallis und vereinigt es mit der Provinz Rätien. Die keltische Hauptstadt Octodurus (Martinach) wird römischer Marktplatz.
47	Der Pass über den Grossen St. Bernhard wird unter Claudius zur Handels- und Heerstrasse ausgebaut.
196	Der Simplonpass wird zur Handels- und Heerstrasse ausgebaut.
286	In Acaunus (St-Maurice) soll ein Teil der Thebäischen Legion mit ihrem Anführer Mauritius hingerichtet worden sein, weil sie am christlichen Glauben festhielten.
360	In Octodurus residiert der heilige Theodor, auch Theodul oder Sankt Joder genannt, der erste bekannte Bischof des Wallis. Er liess die Kirche bei St-Maurice bauen.
455	Nachdem sich die Römer zurückgezogen haben, lassen sich germanische Stämme, vor allem Burgunder, im Wallis nieder und übernehmen römische Liegenschaften.

5. Jh.	Herrschaft der Burgunder.
515	König Sigismund von Burgund lässt die Abtei St-Maurice bauen.
800	Karl der Grosse wird zum Kaiser gekrönt. Er ist der mächtigste Herrscher Europas und ein Förderer des Christentums. Er befiehlt den Pfarrgeistlichen, in allen Gemeinden Schule zu halten. Im Jahre 814 stirbt der Kaiser tief betrauert.
888	Graf Rudolf, Laienabt in St. Maurice, nutzt die Erbstreitigkeiten nach dem Tod Karls des Grossen und lässt sich zum König von Neuburgund ausrufen.
9. Jh.	Das Wallis wird zur Grafschaft. Wälder werden gerodet, Sümpfe trockengelegt, Strassen und Brücken gebaut.
937	Der Bischof von Sitten wird Erzkanzler von Burgund. Dieser Titel wird seinen Nachfolgern übertragen.
999	Der letzte König von Neuburgund, Rudolf III., schenkt dem Bischof Hugo von Sitten die Grafschaft Wallis. Der Bischof wird zum Landesherr. Geistliche und weltliche Herrschaft sind vereint.
1033	Nach dem Tod von Rudolf III., fällt das Wallis mit dem gesamten Burgundischen Königreich unter die Hoheit des Heiligen Römischen Reiches deutscher Nation, unter der Herrschaft Kaiser Konrads II. Der Bischof wird Reichsfürst. Das Wallis reicht von der Furka bis nach Martinach. Weiter unten beginnt Savoyen.
1179	Es kommt zum Krieg zwischen dem Wallis und Savoyen.
12. Jh.	Der Fürstbischof setzt Vize-Herren ein. Das Viztum regelt Rechtsprechung, Steuern und Verwaltung.
1211	Grosse Niederlage des Herzogs Berchtold V. von Zähringen bei Ulrichen. Damit nehmen die Ansprüche der Zähringer aufs Wallis ein Ende.
1252	Das Oberwallis verbündet sich mit der Stadt Bern, um die Bedrohung der Grafen von Savoyen zu mindern.
1260	Graf Peter II. von Savoyen beginnt die Feindseligkeiten gegen den Bischof von Sitten und rückt 1266 bis nach Sitten vor.

1268	Nach dem Tod Peters II. erhält der Bischof die Rechte und das Unterwallis zurück.
1296	Bischof Bonifaz von Challant schlägt im Verband mit Bern und den Grafen von Visp das Heer des Barons Philippe de la Tour und der aufständischen Adligen auf den Seufzermatten/Susten.
1352	Amadeus VI., der Grüne Graf von Savoyen, plündert mit seinem Heer die Stadt Sitten.
1361	Im Frieden zu Evian entsagt der Grüne Graf gegen eine Geldsumme seinen Ansprüchen auf das Wallis
1392	Die Morges bei Conthey bildet die Grenze zwischen dem Bischof und Savoyen.
14. Jh.	Die Bürgerschaften des Oberwallis nehmen die savoyische Herrschaft nicht hin. Es kommt zu zahlreichen Auseinandersetzungen zwischen dem Bischof, den Oberwalliser Zenden und den Grafen von Savoyen.
1416	Die fünf oberen Zenden entledigen sich der Herrschaft des Witschard von Raron und zerstören die Feste Beauregard und 1417 das Schloss Seta.
1418	Witschard schreitet mit einer Schar Freiburgern über den Sanetsch und plündert die Stadt Sitten. Die Berner, welche darauf ebenfalls über den Sanetsch nach Sitten ziehen, werden zurückgeschlagen. Ein zweites Berner Heer zieht über die Grimsel ins Wallis.
1419	Die Walliser unter der Führung von Thomas Riedi und Diakon Minichow zwingen den Feind zum Rückzug.
1465	Matthäus Schiner wird zu Mühlebach im Goms geboren.
1475	Schlacht bei der Planta.
1499	Schiner wird vom Papst Alexander VI. zum Bischof von Sitten ernannt, wo er im Januar 1500 einzieht.
1515	Niederlage der Schweizer in Marignano. Der exkommunizierte Supersaxon hetzt die Walliser gegen den Kardinal und Feldführer Schiner auf. Dieser sucht Zuflucht beim Kaiser Karl V. und wird dessen Berater.

1522	Kardinal Matthäus Schiner stirbt in Rom an der Pest.
1536	Nach der Reformation dringt der neue Glaube auch ins Wallis vor. Unter den Anhängern der beiden Lehren entsteht soviel Zwist, dass 1551 ein Dekret zur Glaubensfreiheit erlassen wird.
1569	Im Vertrag von Thonon bildet die Morge bei St. Gingolph die Grenze zu Savoyen.
1604	Die Glaubensfreiheit wird im Zuge der Gegenreformation wieder aufgehoben.
1628	Die Republik Wallis umfasst die Zenden Goms, Brig, Visp, Raron, Leuk, Siders und Sitten. Das Unterwallis, das Land bis zum Lemansee, wird als Untertanenland behandelt.
1634	Im Bereich der alemannischen Bewohner haben sich aus losen Siedlungen Communitates, Gemeinden, gebildet, die sich zu Bezirken, sogenannten Zenden, zusammenschliessen. Mit der Zunahme ihrer Bedeutung haben sie die Macht des Bischofs nach und nach ausgehölt und setzen schliesslich seinen Verzicht auf die weltliche Macht durch (1643).
1639	Die Abgeordneten des Landrates zwingen den Bischof Hildebrand Jost zum Verzicht auf die weltlichen Hoheitsrechte.
1791	Im Zuge der französischen Revolution erhebt sich die Vogtei Monthey gegen den Statthalter aus dem Oberwallis. Mit Waffengewalt können die Oberwalliser diese Bewegung unterdrücken.
1798	Das ganze Unterwallis, unter Aufstachelung des Franzosen Margourit, erhebt sich und verlangt die Gleichberechtigung, welche ihnen von den Oberwallisern ohne Widerstand gegeben wird. Die Freiheitsurkunde wird am 22. Februar ausgestellt. Das Oberwallis erhebt sich gegen Frankreich und wird am 17. Mai bei Sitten geschlagen.
1799	Das Wallis soll nun an Frankreich Soldaten stellen. Die Forderung wird abgewiesen, und es kommt erneut zur Schlacht. Die französische Heeresmacht besiegt die Walliser bei der Schlacht im Pfyn.
1800	General Napoleon Bonaparte und seine Armee überqueren den

	Grossen St. Bernhard, um in Italien gegen die Österreicher zu kämpfen.
1810	Napoleon vereinigt am 14. November das Wallis als Departement des Simplons mit dem französischen Kaiserreich.
1813	Nach der Niederlage Napoleons bei der Schlacht bei Leipzig wird er aus Frankreich vertrieben.
1815	Das Wallis wird in 13 Bezirke aufgeteilt und nimmt eine neue Verfassung an. Eintritt in den Bund.
1839	Nach einer kurzen militärischen Auseinandersetzung (Schlacht bei Brämis und St. Leonhard) zwingt das Unterwallis dem Oberwallis eine neue Verfassung auf. Der Landtag wird abgeschafft und der Grosse Rat eingesetzt.
1848	Die Bundesverfassung wird angenommen und die Schweiz in einen Bundesstaat verwandelt.
1859–1872	Die Bahn zwischen Bouveret und Brig wird in Betrieb genommen. Das Wallis wird nach Westen erschlossen.
1874	Die Bundesverfassung wird abgeändert, so wird das Zivilstands- und Militärwesen in die Hände des Bundes gelegt.
1906–1913	Durchbruch des Simplon- und des Lötschbergtunnels. Das Wallis wird nach Süden und Norden erschlossen und dadurch zu einem wichtigen Durchgangspunkt für sämtlichen Verkehr.

Wörterverzeichnis

Kapitel 1 – Geologie

[1]Fossilien   Vom Lateinischen fossilis = ausgraben; Überreste von Tieren oder Pflanzen in Gesteinsschichten sowie deren Lebensspuren aus der erdgeschichtlichen Vergangenheit, z.B. Früchte, Hölzer, Knochen, Zähne usw.

[2]Kontinentalplatten   Kontinentalverschiebung, Theorie nach A. Wegener, nach der die Kontinente im Laufe der Erdgeschichte horizontal verschoben wurden.

[3]Plattentektonik   Weiterentwicklung der Theorie der Kontinentalverschiebung, auf Grund von Echolotmessungen der Ozeane und Tiefbohrungen, welche die Entstehung der Ozeane und der Gebirge zu erklären versucht. Tektonik: die Lehre vom Bau der Erdkruste und von den sich in ihr abspielenden Bewegungsvorgängen.

Konvergenz: Annäherung der Kontinentalplatten.

[4]geothermisch   Geothermische Tiefenstufe: Richtwert für die Zunahme der Erdtemperatur beim Eindringen in die Erdkruste in Richtung auf den Erdmittelpunkt; beträgt in der Nähe der Erdoberfläche im Durchschnitt 1°C auf 33 m.

[5]Gneis   Metamorphoses Gestein aus Feldspat, Glimmer und Quarz; verwittert in kantiger Formen.

Metamorph: Die Gestalt, den Zustand wandelnd.

[6]konkav   Lateinisch = ausgehöhlt, nach innen gewölbte Fläche.

Kapitel 2 – Urgeschichte

[1]Jungsteinzeit   Die Steinzeit wird in 3 Hauptabschnitte unterteilt und gilt
als erste Epoche der Vor- und Frühgeschichte. Die Alt-
steinzeit begann vor 2,5 Millionen Jahren und reichte bis
etwa 8000 v. Chr. Das Ende der Mittelsteinzeit wird re-
gional unterschiedlich datiert. Die Jungsteinzeit dauerte
in Europa etwa von 2400 bis 1800 v. Chr. Hauptfunde
sind namengebende Steingeräte, die immer weiter ver-
feinert wurden.

[2]Leman   Französisch Lac Léman = Genfersee.

[3]Feuerstein   (Flint) splitterig brechendes, hartes Gestein, blaugrau und
vielfach sekundär bräunliche Verfärbung. Diente schon in
der Eisenzeit zum Feuerschlagen und seit der Altsteinzeit
zur Herstellung von Werkzeugen. Unter anderem als Feu-
ersteinschloss an alten Handfeuerwaffen bekannt, daher
der Name Flinte.

[4]Serpentinstein   Serpentinit, kristalliner Schiefer, meist dunkelgrün ge-
ädert oder gefleckt, leicht bearbeitbar, wichtiger Nutz-
stein.

[5]Rotten   Deutscher Name für Rhone, der Fluss entspringt am
Rhonegletscher, durchfliesst das Wallis und den Genfersee und mündet bei Marseille/F in das Mittelmeer.

[6]atlantische Periode Atlantikum (griechisch), mittlerer Teil der nacheis-
zeitlichen Warmzeit, Klimaperiode von etwa 5500 bis
2500 v. Chr. Für Mitteleuropa sind in dieser Periode oze-
anisches Klima und Ausbreitung der Eichenmischwälder
kennzeichnend.

[7]Bronzezeit   Zwischen Kupfer- und Eisenzeit gelegene Epoche der
Vor- und Frühgeschichte, die in Mitteleuropa von etwa
1800 bis 800 v. Chr. dauerte. Die Bronzezeit ist gekenn-
zeichnet durch die Produktion von Bronze, einer Legie-
rung aus Kupfer und Zinn, und deren Verarbeitung zu

Waffen, Schmuck und Geräten für den Ackerbau. Die Menschen dieser Epoche lebten überwiegend von Ackerbau und Viehzucht, wobei das Pferd zum Haustier wurde. Siedlungen lagen oft an Seeufern (Pfahlbauten).

[9]Valeria   Kirche Notre-Dame de Valère aus dem 13. Jh. auf dem talabwärts gesehen linken Hügel über der Stadt Sitten mit der ältesten bespielbaren Orgel der Welt.

[9]Tourbillon   Spätgotische Burg von 1294 auf dem talabwärts gesehen rechten Hügel über der Stadt Sitten. Der Erbauer war Bischof Bonifaz von Challant. Die Burg wurde 1788 durch eine Feuersbrunst zerstört. Die Burgruine ist noch erhalten.

[10]Eisenzeit   Die letzte, der Bronzezeit folgende Epoche der Vor- und Frühgeschichte, die bis in das klassische Altertum hineinreicht. Eisen wurde seit dem 2. Jahrtausend v. Chr. zunächst wegen seines Wertes für Schmuck, ab etwa 1200 v. Chr. für Waffen und Geräte verwendet.

[11]Kelten   Indogermanische Völkergruppe in Mittel- und Westeuropa. Sie entstanden aus der Vermischung der vorindogermanischen westalpinen Urbevölkerung mit den um 2000 v. Chr. aus Mitteldeutschland eingewanderten Schnurkeramikern und auch mit den von der Donau kommenden Trägern der Urnenfeldkultur (Veneto-Illyrer). Unter dem Druck des eigenen Bevölkerungszuwachses und der an den Rhein vordringenden Germanen zogen die Kelten im 7. Jh. v. Chr. nach Frankreich und von dort auch ins Wallis. Ihre Eroberung der britischen Inseln führte zur kernhaften keltischen Durchdringung von Irland. Die keltische Mythologie lässt sich namentlich aus den irischen Göttersagen erschliessen.

[12]Hallstattzeit   Nach dem Gräberfund bei Hallstatt in Oberösterreich benannte erste Epoche der europäischen Eisenzeit. Die

Hallstattzeit entwickelte sich aus der Bronzezeit. Ältere Eisenzeit in Mitteleuropa um 840 bis 450 v. Chr.

[13]Latèneperiode — Auch La-Tène-Kultur. Bezeichnung für die Kulturstufe der jüngeren Eisenzeit in West- und Mitteleuropa, der Hallstattzeit folgend. Diese Zeitepoche wurde nach dem Ausgrabungsplatz La Tène am Neuenburgersee benannt und begann um 500 v. Chr. als letzte prähistorische Periode Mitteleuropas.

[14]Firn — Altschnee, der durch wiederholten Wechsel von Schmelz- und Gefrierprozess (Verfirnung) langsam zu Gletschereis wird.

Kapitel 3 – Die Römerzeit

[1]Feldherr Julius Cäsar — Eigentlicher Name Gaius Julius Cäsar, römischer Staatsmann, Feldherr und Schriftsteller, geboren am 13.7.100 v. Chr., ermordet am 15.3.44 v. Chr. durch Marcus Junius Brutus.

Cäsar ist die Bezeichnung der römischen Unterkaiser des West- und des Ostreiches seit 293 n. Chr. Diese Bezeichnung ging in die Formen Kaiser und Zar über.

[2]Jupiterberg — Jupiter war der höchste römische Gott und entspricht dem griechischen Zeus. Beherrscher des Himmels, Gott der Blitze, des Donners und des Regens; Beschützer von Recht und Sitte; Schirmherr des römischen Staates.

Jupiterberg ist die römische Bezeichnung des Alpenpasses über den Grossen St. Bernhard.

[3]Tiberius — Eigentlicher Name Tiberius Claudius Nero, erfolgreicher Feldherr und römischer Kaiser seit 14 n. Chr., geboren am 16.11.42 v. Chr., gestorben am 16.3.37 n. Chr.

[4]Drusus — Eigentlicher Name Nero Claudius Drusus Germanicus, erfolgreicher Feldherr zusammen mit Tiberius, geboren am 14.1.38 v. Chr., gestorben im September 9 n. Chr.

[5]annektieren	Lateinisch und bedeutet sich etwas (gewaltsam) aneignen, meistens Gebietsanteile.
[6]Rätien	Im Altertum Gebiet der Räter, Bewohner der Zentralalpen. Die römische Provinz Rätia umfasste im engeren Sinn Graubünden, Nordostschweiz und Vorarlberg/Tirol, im weiteren auch das Wallis und die Bayrische Hochebene bis zur Donau. Die Provinz wurde später in zwei Teile geteilt, das Gebirgsland (Rätia prima) und das Alpenvorland (Rätia secunda). Auf diese Zeit führt die Sprache der Rätoromanen zurück.
[7]Assimilation	Lateinisch und bedeutet Angleichung. Vorgang, bei dem Individuen oder Gruppen kulturelle Normen und Wertvorstellungen von anderen übernehmen und ihr Verhalten dieser Umwelt angleichen.
[8]Kaiser Augustus	Lateinisch und bedeutet der Erhabene. Der eigentliche Name des Augustus war Gaius Octavius, auch Octavianus. Er war der Adoptivsohn von Julius Cäsar und als Friedensfürst hoch geehrt. Infolge der Förderung der römischen Kultur sprach man vom Goldenen oder Auguseischen Zeitalter. Augustus wurde am 23.9.63 v. Chr. geboren und verstarb am 19.8.14 n. Chr.
[9]Helvetier	Keltischer Volksstamm, der bis zum Ende des 2. Jh. v. Chr. zwischen Rhein und Main ansässig war und sich später im schweizerischen Mittelland niederliess. Helvetia war der lateinische Name der Schweiz.
[10]Octodurus	Lateinischer Name der Stadt Martinach oder französisch Martigny.
[11]Marktflecken	Römische Bezeichnung des Hauptortes, an dem sich der Markt und somit das öffentliche Leben abspielte; Einrichtungen wie Amtsgebäude, Theater usw.
	Marktflecken des Claudius: Claudius Tiberius war römischer Kaiser von 41 bis 54 n. Chr. Er wurde am 1.8.10

	v. Chr. geboren. Seine zweite Frau Agrippina liess Claudius im Jahre 54 n. Chr. wegen ihres Sohnes Nero ermorden.
[12]Burgunder	Ostgermanischer Volksstamm. Sie wanderten aus ihrer Urheimat (Skandinavien?) über Deutschland nach Frankreich und in die Schweiz. Um 410 Förderungsverhältnis mit den Römern. Sie unterlagen den Franken und siedelten sich 443 in Savoyen (Frankreich) an.
[13]Franken	Westgermanischer Volksstamm, im 3. Jh. erstmals erwähnt. Die Franken drangen im 4. bis 6. Jh. nach Gallien (Frankreich) und von dort aus in die Schweiz.
[14]Alemannen	Ursprünglicher Verband von Teilstämmen der westgermanischen Schwaben, erstmals 213 am oberen Main genannt. Im 5. Jh. Ausdehnung in die Nordschweiz und nach Rätien.

Kapitel 4 – Die Ausbreitung des Christentums

[1]thebäische Legion	Eine Abteilung christlicher Soldaten, die – nach einem historisch nicht belegten Bericht – unter dem heiligen Mauritius in St-Maurice zwischen 286 und 300 den Märtyrertod erlitten hat. Über den Thebäergräbern erhob sich bereits von 400 an eine Basilika und später die Abtei von St-Maurice.
[2]Agaunum	Lateinischer Name der Stadt St-Maurice.
[3]Kaiser Konstantin	Römischer Kaiser von 306 bis 337, Konstantin I., auch Konstantin der Grosse genannt, eigentlicher Name Flavius Valerius Constantinus, geboren um 280, gestorben 337. Er war der erste römische Kaiser, der sich zum Christentum bekehren liess.
[4]Goten	Ostgermanischer Volksstamm skandinavischer Herkunft. Von der Ostseeküste begann um 150 die grosse Wanderung der Goten bis ans Schwarze Meer.
[5]Karl der Grosse	Auch Karl der I., geboren am 2.4.747 und gestorben am

28.1.814, König der Franken und Langobarden, am 25.12.800 in Erneuerung des west-römischen Kaisertums von Papst Leo III. zum Kaiser gekrönt.

⁶Vasall   Lateinisch, mittelalterlicher Lehensmann, Träger eines Lehens; im Feudalstaat der Untergebene im Gegensatz zum Herrn.

⁷Lehen   Lehenswesen, Feudalwesen vom lateinischen feudum. Das ausgedehnteste Nutzungsrecht an einer fremden Sache, welches sich auf eine Verleihung seitens des Eigentümers gründet, die zugleich zwischen diesem und dem Berechtigten das Verhältnis gegenseitiger Treue erfordert; auch die Sache selbst, meist Grundbesitz, aber auch nutzbare Rechte und Ämter.

⁸Savoyen   Französisch La Savoie, historische französische Landschaft in den Westalpen.

⁹Zähringer   Süddeutsches Fürstengeschlecht, das sich ab etwa 1100 nach der bei Freiburg im Breisgau in Deutschland gelegenen Burg Zähringen nannte.

¹⁰belehnen   Vom Eigentümer verliehenes, mit einem gegenseitigen Treueverhältnis verbundenes Nutzungsrecht an fremdem Vermögensobjekt.

¹¹Berthold V.   Herzog von Zähringen und Gründer von Bern im Jahre 1191. Mit seinem Tod 1218 erlosch die ältere Linie der Zähringer.

Kapitel 5 – Die Eidgenossenschaft

¹Reichsacht   Form der weltlichen Strafe im altgermanischen und mittelalterlichen Recht, die die Mitwirkung der ganzen Rechtsgemeinde, d.h. aller Einwohner, erforderte. Das Verhängen der Reichsacht bewirkte die Recht- und Friedlosigkeit des Geächteten im ganzen Reich.

²Kirchenbann   Form der geistlichen Strafe, der Exkommunikation.

³Friedrich I.   Geboren im Jahr 1122, Herzog von Schwaben und ab
                       1155 Römischer Kaiser. Er erhielt den italienischen Bei-
                       namen Barbarossa, was Rotbart bedeutet. Er stützte
                       seine Macht auf die Bischöfe des Reiches und geriet mit
                       den Päpsten um die Vorherrschaft der weltlichen oder
                       geistlichen Macht in Konflikt. Am 10.6.1190 ertrank er im
                       Fluss Saleph in Kleinasien.

⁴Friedrich II.   Geboren am 26.12.1194 als Sohn des Kaisers Heinrich VI.
                       und der Konstanze von Sizilien, aufgewachsen unter der
                       Vormundschaft des Papstes Innozenz III., König von Sizi-
                       lien und Jerusalem, 1220 zum Römischen Kaiser gekrönt.
                       Er war ausgezeichnet durch hohe Begabung, Aufge-
                       schlossenheit für vergangene und fremde Kulturbereiche
                       und eine universale Bildung; sein Hof war Mittelpunkt
                       des geistigen und künstlerischen Lebens. Er starb am
                       13.12.1250.

⁵Rudolf von Habsburg   Deutscher König von 1273 bis 1291. Geboren am
                       1.5.1218 im Schloss Limburg/Breisgau. Entstammte dem
                       Grafengeschlecht der Habsburger. Nach seiner Wahl zum
                       König bereitete er dem Interregnum ein Ende und verhalf
                       der Krone zu neuem Ansehen. Durch seine geschickte
                       und zähe Politik erreichte er eine grosse Hausmacht.
                       Interregnum: Lateinisch = Zwischenherrschaft. Bezeich-
                       nung für die Zeit zwischem dem Tod oder dem Rücktritt
                       eines Herrschers und der Wahl seines Nachfolgers. In die-
                       sem Fall bezeichnend für die Zeit zwischen dem Ende der
                       Dynastie der Staufer 1254 und der Wahl Rudolfs von
                       Habsburg 1273.

⁶Böhmen   Landesteil der Tschechoslowakei.

⁷Zenden   Altes Wort für Bezirke.

⁸Amadeus VI.   Fürstengeschlecht von Savoyen. Auch Amadeus der
                       Grüne genannt, wurde am 4.1.1334 in Chambéry/F ge-

boren. Er erweiterte seine Macht mit dem Kauf der Waadt. Am 2.3.1383 verstarb er.

⁹Evian
Evian-les-Bains am Südufer des Genfersees in Frankreich.

¹⁰Burg Seta
Die Ruinen der Burg Seta befinden sich auf dem Gebiet der Gemeinde Savièse oberhalb Sitten, südöstlich von Granois. Das Mittelalterliche Schloss wurde 1219 durch Bischof Landri de Mont erbaut und 1417 durch die Grafen von Savoyen zerstört.

¹¹Christmonat
Alte Bezeichnung für den Monat Dezember.

¹²Kaiser Sigismund
Als Sohn Karl IV. am 15.2.1268 in Nürnberg/D geboren. Durch seine Heirat erhielt er 1419 Ungarn und erbte auch Böhmen. 1433 holte er sich die Kaiserkrone. Am 9.12.1437 starb er. Mit seinem Tod erlosch das Haus Luxemburg. Seine Länder gingen an den Habsburger Albrecht II. über.

¹³lombardisch
Lombardei, oberitalienische Region mit der Hauptstadt Mailand.

¹⁴Karl der Kühne
Herzog von Burgund von 1467 bis 1477, geboren am 10.11.1433. Er versuchte ein unabhängiges burgundisches Königreich zu schaffen. Ludwig XI. von Frankreich verstand es, Karl nach der Schweiz abzulenken, wo sein Schicksal in den Burgunderkriegen besiegelt wurde. Nachdem er am 5.1.1477 bei Nancy/F gefallen war, kamen seine niederländischen Besitzungen an die Habsburger, während Burgund an die französische Krone fiel.

Burgunderkriege: Bezeichnung der siegreichen Feldzüge der schweizerischen Eidgenossenschaft über den burgundischen Herzog Karl den Kühnen von 1474 bis 1477.

¹⁵Alexander VI.
Als Rodrigo de Borja am 1.1.1431 in Jàtiva bei Valencia geboren, wurde er 1492 zum Papst gewählt. Er war bekannt durch Pfründenhäufung und Nepotismus, be-

sonders für seine 4 Kinder. Förderer von Kunst und Wissenschaft, doch sittenlos und politisch skrupellos. Er starb in seinem Amt am 18.8.1503 in Rom.

Pfründenhäufung: Pfründe, das mit einem Kirchenamt dauernd verbundene Einkommen.

Nepotismus: vom lateinischen Nepot = Neffe, Verwandtenbegünstigung durch staatliche und kirchliche Machthaber.

[16]Matze — Ein menschliches Antlitz, eingeschnitzt in einen rohen Baumstrunk. An einem Volksaufstand schlug jeder Teilnehmer einen Nagel ein und bezeugte somit sein Missfallen.

[17]Jörg auf der Flüe — Der Name «auf der Flüe» würde heute Aufderflüe geschrieben. Früher wurde der Name mit der Ortsbezeichnung, wo er wohnte, benannt. Vergleiche Aufderhalden, Aufdereggen usw.

[18]Hader — Zank, Streit.

[19]Julius II. — Als Giuliano della Rovere am 5.12.1443 in Albissola bei Savona geboren. Papst von 1503 bis zu seinem Tod am 21.2.1513 in Rom. Er verfolgte das Ziel, den Kirchenstaat wiederherzustellen und die Franzosen aus Italien zu vertreiben. Dazu verbündete er sich 1510 mit den Eidgenossen. Die Seele dieses Bündnisses war Kardinal Matthäus Schiner.

[20]Leo X. — Als Giovanni de'Medici am 11.12.1475 in Florenz/I geboren. Papst von 1513 bis zu seinem Tod am 1.12.1521 in Rom. Förderer der Humanisten, Literaten und Künstler, unter anderem des berühmten Malers Michelangelo.

[21]Reisläufer — Reisläuferei, Bezeichnung für das mittelalterliche Söldnerwesen (siehe26).

[22]Brachmonat — Auch Brachet, veraltet für den Monat Juni.

[23]Herbstmonat — Veraltet für den Monat September.

[24]Wintermonat   Veraltet für den Monat November.

[25]Staatenbund   Ein auf Gleichberechtigung beruhender Zusammenschluss von souvernänen Staaten. Die einzelnen Staaten
(in der Schweiz Kantone) behalten ihre eigenständige
Staatsgewalt und handeln nach aussen selbständig. Ein
Teil ihrer Aufgaben wird gemeinsamen Organen übertragen, ohne eine den Einzelstaaten übergeordnete
Staatsgewalt anzuerkennen.

[26]Söldner   Geworbene Krieger, die losgelöst von staatlichen oder
lehensrechtlichen Bindungen gegen Bezahlung (Sold)
Kriegsdienste leisteten. Söldnerheere spielten seit dem
Mittelalter bis zur Französischen Revolution eine beherr-
schende Rolle im Kriegswesen. Erst mit der Truppenaus-
hebung und der allgemeinen Wehrpflicht verloren die
Söldner an Bedeutung.

[27]Zunft   Im Mittelalter entstandene, von der jeweiligen Obrigkeit
anerkannte Organisationen von Handwerkern, Handels-
treibenden usw.

[28]Pius II.   Als Enea Silvio de'Piccolomini am 18.10.1405 in Corsi-
gnano geboren. Papst von 1458 bis zu seinem Tod am
15.8.1464. Redner und Schriftsteller der Renaissancezeit.

[29]Thonon   Stadt am südlichen Ufer des Genfersees in Frankreich.

[30]Nunzius   Auch Nuntius, ständiger Botschafter des Papstes bei
weltlichen Regierungen.

[31]Jesuiten   Bezeichnung für die Mitglieder des katholischen Ordens
der Gesellschaft Jesu. Ordensstifter war 1534 Ignatus
von Loyola. Die kirchliche Gründung vollzog Papst
Paul III. 1540. Die Jesuiten betrachten es als ihr vorran-
giges Aufgabenfeld, den katholischen Glauben durch
Predigt, Katechese und Spendung der Sakramente zu
verbreiten.

Kapitel 6 – Von der Französischen Revolution bis zur heutigen Schweiz

[1]Revolution — Gewaltsamer Umsturz der bestehenden politischen oder sozialen Ordnung.

[2]Republik — Lateinisch res publica = Gemeinwesen. Ein Staat, bei dem die Staatsgewalt nicht bei einer Einzelperson konzentriert ist, sondern von der Volksgesamtheit ausgeht. Der moderne Begriff wurde durch die Französische Revolution gebildet.

[3]aristokratisch — Aristokratie kommt vom Griechischen und bedeutet die Herrschaft der Besten. Sinnverwandt auch auf Adel (vom Vater her Angestammtes) angewendet.

Soziologisch: Minderheit sozial höher gestellter Menschen in Gesellschaften mit ausgeprägter Schichtung.

Politisch: Staatsform, die einer bevorzugten Schicht die Führung gibt.

[4]Grauholz — Ort bei Bern.

[5]Vogtei — Ursprünglich Beamtungen, im späteren Mittelalter auch zu Lehen.

Landvogt: Durch den Kanton bestellter Statthalter in einem unmittelbar unterstellten Gebiet oder Untertanenland.

[6]Hornung — Veraltet für den Monat Februar.

[7]Napoleon Bonaparte — Auch Napoleon I., geboren am 15.8.1769 auf Korsika. Er kam mit 10 Jahren auf die Militärschule und war bereits im Alter von 16 Jahren Artillerie-Leutnant. 1794 wurde er zum Brigadegeneral und zwei Jahre später zum Divisionsgeneral befördert. Am 18.5.1804 wurde er zum Kaiser gekrönt. Diese Herrschaft behielt er bis zu seiner Verbannung am 14.4.1814 auf die Insel Elba. Nach seiner Rückkehr im Jahr 1815 zog er am 15.3. in Paris ein. Darauf folgte die «Herrschaft der hundert Tage», bis es bei Waterloo in Belgien, 15 km südlich von Brüssel, zur ent-

	scheidenden Niederlage kam. Er wurde nach Helena verbannt, wo er am 5.5.1821 starb.
[8]Mediationsakte	Die von Napoleon I. der Schweiz auferlegte Verfassung, in Kraft von 1803 bis 1813. Mediation: Vermittlung eines Staates in einem Konflikt zwischen anderen Staaten.
[9]Departement	Französische Bezeichnung für die seit 1789 bestehenden Verwaltungsbezirke.
[10]Tagsatzung	In der alten Eidgenossenschaft ursprünglich die Festsetzung eines Tages gemeinsamer Beratungen, später die Tagung von den einzelnen Orten und Ständen. Ihre Aufgaben waren die Wahrung gemeinsamer Interessen und Aktionen der Bundesmitglieder nach aussen und des Friedens nach innen. Diese Einrichtung dauerte bis zur neuen Bundesverfassung von 1848.
[11]Moritz de Courten	Geboren am 24.7.1781 in Siders, wurde ihm 1835 von Karl-Albert, dem König von Sardinien, die erbliche Würde eines Grafen und eines Ritters des Mauritius-Lazarus-Ordens verliehen. Er war der letzte Landeshauptmann des Wallis. Als Kommandant der Oberwalliser verlor er 1840 gegen die Unterwalliser und floh in der Folge ausser Landes. Nach seiner Rückkehr wurde er Präsident des Grossen Rates. Nach einer Rede, die er am 5.10.1947 zur Eröffnung einer ausserordentlichen Grossratssession gehalten hatte, brach er im Ratshaus zusammen und starb einige Minuten später.
[12]Rädelsführer	Aus der Landsknechtszeit herstammende Bezeichnung für Anstifter einer Revolte oder Verschwörung.

Kapitel 7 - Vom Vallis poenina zum Kanton Wallis

| [1]Leponiter | Volkstamm benannt nach den Lepontinischen Alpen, auch Lepontische Alpen genannt. Die nordöstlichen Aus- |

läufer der inneren Westalpen-Gneiskette, im Gebiet des Monte Leone (Simplongruppe).

[2]Aventicum | Avenches, Ort im Broyetal im Kanton Waadt, alte Hauptstadt der keltischen Helvetier. Als Aventicum römische Kolonialstadt, bekannt durch sein Amphitheater, wo noch heute Freilichtspiele aufgeführt werden.

[3]Patriziat | Lateinisch, in der römischen Republik die Gesamtheit der Geschlechter (Patrizier), die allein zur Regierung und Verwaltung des Staates berechtigt waren.

Im Mittelalter die adligen und bürgerlichen Geschlechter, die bis ins 14. Jh. ausschliesslich und später noch bevorzugt ratsfähig waren. Die Rechtsgleichheit hob die Bedeutung des Patriziates auf.

Kapitel 8 – Klima

[1]subalpin | Subalpine Stufe : Vegetationsstufe unterhalb der alpinen Höhenstufe.

Alpine Höhenstufe: Das über der Waldgrenze liegende Gebiet. Die untere Grenze in den Alpen liegt bei etwa 2400 m.

[2]Föhn | Warmer, trockener Fallwind mit einer Erwärmung von 1° Celsius je 100 m Fall in und an Gebirgen.

[3]Hangwindsystem | Der Hangwind weht tagsüber an sonnenbeschienenen Hängen aufwärts. Der nächtliche Hangabwind ist meist schwächer.

Kapitel 9 – Industrie und Tourismus

[1]agrarisch | Vom Lateinischen agrar, landwirtschaftlich.

[2]Schmalspurbahn | Bahngeleise, deren Spurweite weiniger als 1435 mm (Normalspur) beträgt. Wegen des geringeren Krümmungsradius der Kurven werden Gebirgsbahnen meistens mit Schmalspur betrieben.

Kapitel 10 – Eigenarten und Eigenschaften der Walliser

[1]Rhone   Im Wallis Rotten genannt. Seine Quelle entspringt am Rhonegletscher oberhalb Gletsch zwischen Furka und Grimsel und mündet bei Marseille/F in das Mittelmeer.

[2]Nomaden   Von Nomadismus, Nomadentum abgeleitet, landwirtschaftliche Wirtschaftsform, bei der der Mensch als Nutzniesser den von Weideplatz zu Weideplatz wechselnden Tieren als Hirte folgt, z. B. die Beduinen in Arabien und Nordafrika.

[3]Bernstein   Beliebter Schmuckstein, erhärtetes Harz von Nadelbäumen, gelb bis dunkelbraun, zum Teil auch rötlich, durchsichtig bis milchig-durchsichtlich.

[4]Karawane   Persisch kärwan = Kamelzug, meist berittene (Kamel, Pferd) Reisegesellschaft von Kaufleuten oder Pilgern. Uralte Form des Fernhandels durch gefährliches und siedlungsarmes Gebiet auf Karawanenstrassen.

[5]Kluse   Lateinisch, eine die Gebirgskette durchbrechende Öffnung.

[6]Neandertaler   Fossiler Mensch (wird vom Lateinischen fossilis abgeleitet und bedeutet ausgegraben); den Namen erhielt diese Menschengruppe, seit 1856 Skelettreste im Neandertal bei Düsseldorf/D gefunden wurden. Zahlreiche Fundstellen in Europa, Asien und Südafrika.

[7]primitiv   Urzuständlich, urtümlich, einfach, dürftig; wird oftmals abschätzig gebraucht für: von geringem geistig-kulturellem Niveau.

[8]Geviert   Rechteck, Quadrat.

[9]schuften   Umgangssprache für: hart arbeiten.

[10]Veston   Altes deutsches Wort aus dem Französischen, Bezeichnung für die männliche Oberbekleidung, Jacke.

[11]Heiland   Altes Wort für Gott, den Allmächtigen.

[12]Fronleichnamstag   Vom mittelhochdeutschen vrönlichnam = Herrenleib.

Feiertag der katholischen Kirche, auch Herrgottstag genannt, zur Erinnerung an die Einsetzung des Altarsakramentes durch Christus im Abendmahl. Die Fronleichnamsprozession als feierlicher Umgang zu Ehren der Eucharistie entstand in der zweiten Hälfte des 13. Jh.

[13]Baldachin   Von Baldac = Bagdad, eigentlich Trag- oder Thronhimmel mit golddurchwirktem Seidenstoff aus Bagdad, später jede Art leichter freistehender Bedachung. Er wird im Wallis meistens nur Himmel genannt, der von vier Personen getragen wird.

[14]Regenten   Lateinisch regere = leiten, Regierender.

[15]Geteilschaft   Von teilen, auch Genossenschaft.

[16]Kalisalze   Kaliumverbindungen als Düngemittel.

[17]Fronarbeit   Fron, vom Althochdeutschen frö = Herr; Hörigkeit einem Herrn (ursprünglich Gott) gegenüber, später Arbeitsdienst für einen Gebieter.

Fronarbeit: Arbeit für ein Gemeinwerk ohne Bezahlung.

[18]Kolonisatoren   Kolonisation, Besiedlung und wirtschaftliche Erschliessung ungenutzter oder gering entwickelter Gebiete. Die Kolonisatoren beherrschten diese Gebiete und zwangen ihnen oftmals die eigenen Gesetze und Lebensweisen auf.

[19]Flora   Altrömische Vegetationsgöttin; als Flora wird die gesamte Pflanzenwelt eines Gebietes bezeichnet.

Kapitel 11 – Kulinarische Streifzüge

[1]Pizza Margherita   Den Namen erhalten anlässlich eines Besuches der Königin Margherita in Neapel. Da ihr angeblich die Pizza so gut schmeckte, wurde diese gebackene Scheibe nach der Königin benannt.

[2]Raclette   Abgeleitet vom Französischen «racler» und bedeutet abschaben, abstreichen.

[3]Weinmonat	Veraltet für den Monat Oktober.
[4]Chasselas	Traubensorte Gutedel zur Herstellung des Fendant. Fendant ist eine Bezeichnung, die nur der Chasselats, aus dem Wallis tragen kann.
[5]Rhin	Traubensorte Sylvaner zur Herstellung des Johannisberg.
[6]Heida	Weisswein aus Visperterminen, dem höchstgelegenen Weinanbaugebiet Europas.
[7]Ausserschweizer	Deutschschweizer nicht Walliser Abstammung, auch «Grüezini» genannt. Grüezini: Oberwalliser Kosename der Deutschschweizer, da sie zum Gruss «Grüezi» sagen.
[8]Kooperative	Arbeitsgemeinschaft – Genossenschaft.
[9]ha	Hektar, kommt vom griechischen und bedeutet 100. 1 ha = 100 a – 10 000 m².
[10]hl	Hektoliter; 1 hl = 100 l.

Kapitel 12 – Wallis – meine Heimat

[1]Batzen	Seit etwa 1490 in der Schweiz und in Süddeutschland geprägte Münzen. Nach mehreren Versuchen zur Abschaffung des Batzens wurde er schliesslich durch die Reichsmünzordnung von 1539 zugunsten neuer Geldsorten endgültig beseitigt. Die Bezeichnung Batzen blieb für kleinere Münzen jedoch erhalten.
[2]Booze	Spuckgeist.
[3]Sarazenen	Im Altertum die Bewohner Nordwestarabiens, bekannt als ein streitbares und kriegerisches Volk.
[4]Hunnen	Ostasiatisches Nomadenvolk, welches um 200 v. Chr. in der Mongolei ein mächtiges Reich bildete. Unter ihrem Anführer, dem berühmt-berüchtigten König Attila, fielen sie über Indien, Persien, Südrussland und Griechenland in Europa ein.

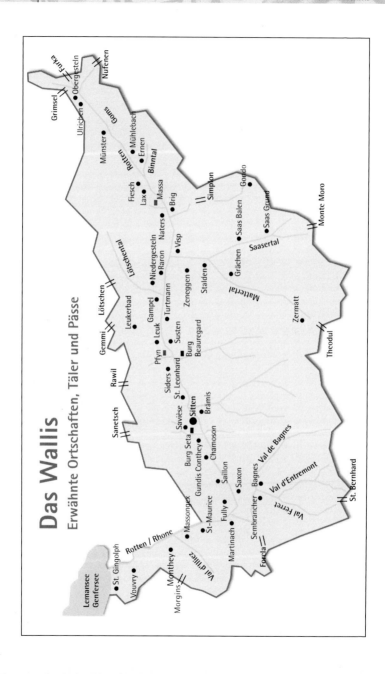

Das Wallis
Erwähnte Ortschaften, Täler und Pässe